| 2022 셋넷학교 감수성 이야기 : 영화 · 여행 |

영화로 만나고 길에서 배운다
We are connected

이쁜 나
반짝이는 당신
따뜻한 소통

내 안의 당신이 흐느낄 때

어떻게 해야하는지

울부짖는 아이의 얼굴을 들여다 보듯

짜디짠 거품 같은 눈물을 향해

괜찮아

왜 그래,가 아니라

괜찮아

이제 괜찮아

- 한강, 괜찮아 -

이야기를 시작하며...

 교훈으로 체벌 받고 급훈 아래에서 매를 맞는 영화 같은 시대를 참고 견디며 지나왔다. 말죽거리 학교에서 잔혹의 역사에 동원되던 1970년대 말, 교훈과 급훈은 폭력과 모멸감으로 실체화되어 인간성과 사람 됨됨이를 지배했다. 일방적인 교육이념은 1등 국민국가의 일원이 되기 위한 지적 도구가 되어 경쟁과 차별의 도덕적 근거가 되었다. 선언이나 강제가 사람의 마음을 변화시키지 못했지만 집단 규율을 맹신하고 타인을 미워하기에는 충분했다.

 소통 없는 규율과 이념은 사람들을 공동체가 아닌 동원된 집단으로 묶어낸다. 거대한 이념이 사람들에게 스며들기 위해서는 개인을 통한 삶의 체험이 필요하다. 학교란 본래 개인들의 삶의 체험을 지속가능하게 만들어주는 곳이어야 한다. 한 사람의 꿈과 사랑을 실현하기 위해 거쳐야하는 일상의 문제들에 교육이 진지하게 화답할 때 비로소 마음이 움직인다. 차이를 인정하고 다름을 소중하게 대하는 교육은, 한 사람의 삶의 여정에 함께 하며 '길잡이 늑대'(영혼의 안내자, 류시화) 역할을 해야 가능하다. 셋넷은 교육을 배움이라 쓰고 감수성이라 노래한다.

셋넷 감수성으로 성찰하는 '영화 이야기'와 '여행 이야기'는 북조선 출신 이주 청소년들의 인생 설계를 돕는 셋넷학교 교육활동《윗마을 학생과 아랫동네 선생》(2021 코폴커뮤니케이션)을 잇는 두 번째 이야기다. 셋넷이 가꿨던 배움의 뜻과 내용들로 영화와 소통하고 낯선 곳을 여행한다. 셋넷 영화 이야기에는 영화 밖 이야기나 감독 배우 제작에 대한 썰이 없다. 영화 철학과 영화제 수상도 관심 없다. 셋넷 여행 이야기에는 여행정보와 참가자들에게 대한 썰이 없다. 방문한 나라에 대한 맛집 소개와 문화에도 관심 없다. 휴식처럼 영화를 느끼고 흑백사진 같은 여행길에서 데면데면한 일상이 촉촉해지기를 바란다. '흩날리는 꽃잎 위에 어른거리는 친구들의 모습'(친구, 김민기)을 떠올리며 잠시 따뜻해지면 좋겠다.

오래전 영화, 희미한 기억 속 여행들을 선택했다. 지나간 시간들을 외면하고 지우도록 다그치는 일상의 살벌함과 매정함에 당혹스럽다. 무한질주의 속도가 주는 쾌감과 신세계에 대한 열망을 모르는 바 아니다. 건성건성 주목하지 못했고 인증샷 담듯 불성실하게 소비해버린 삶의 이야기를 놓치고 싶지 않았다. 불투명한 미래 때문에 당황하고 상심하는 이유는 잃어버린 과거가 남긴 은근한 메시지를 기억하지 못한 탓도 있으리라. 시대의 전위前衛에서 뒤처지지 않으려는 안간힘을 내려놓고 고집스레 후위後衛를 지키련다. 불안해하며 바빠 서둘러 가느라 미처 챙기지 못한 오래된 지혜의 풍경과 낡은 삶의 울림을 지키고 싶다.

'타인의 물리적 비참함에 눈물을 흘릴 줄은 알아도 제 몸으로 느껴보지는 못한'(대한민국 원주민, 최규석) 나의 한계가 고스란히 담겨있다. 그럼에도 내 글들이 영화 〈페터슨〉 주인공이 사는 두 개의 일상과, 〈택시 운전사〉의 부끄러운 기억과, 〈일 포스티노〉 섬마을에서 우연히 만나 빚진 인연들에게 닿아있기를 바란다. 생존의 틈새에서 잠시 숨 고를 수 있는 마음의 산책길이 될 수 있다면 더 바랄나위가 없겠다.

'죽도록 일하다가 죽을 우리가, 스스로를 보호하고 무뎌지는 것과 싸우기 위해 배우는 것이다.(영화 디테치멘트)' 스스로 생각한 것보다 더 많이 내려놓고 과감하게 떠나보내야 감수성의 주인이 될 수 있다.

차 례

이야기를 시작하며   02
백 송이 꽃에는 백 가지 꽃말이 있다   12
감수성에 대하여   27

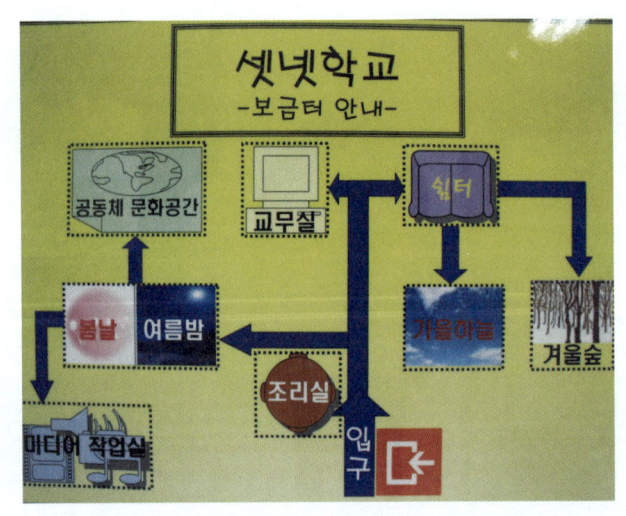

영화, 편견엔들 꽃을 피우지 못하랴

봄 날   40

그린 북 편견

가벼나움 모멸감

한공주 분리와 배제

카트 약속과 신뢰

가족의 나라 이념과 나라

위플래쉬 배움

고령화 가족 가족

내가 죽기 전에 가장 듣고 싶은 말 관계

디테치먼트(DETACHMENT) 교사

택시 운전사 부끄러움

인어공주 사랑과 결혼

파이브피트 스킨쉽

버닝 자존自存과 자존自尊

뷰티플 데이즈 & 상류사회 운명과 욕망

샤인 사랑의 방식

뮤지컬 빨래 차별

| 여름밤 | 92 |

글로브 포괄적 차별금지

비긴 어게인 노래와 위로

이터널 션샤인 다름

춤추는 숲 공동체

님은 먼 곳에 아버지

다키스트 아워 용기

바르다가 사랑한 얼굴들 길과 만남

건축학 개론 기질(자기 사랑)

소수의견 법과 소수

연극 없는 사람들 경계와 생존

3:10 투 유마 아버지2

용서받지 못한 자 용서

아름다운 비행 엄마

어바웃 타임 엄마2

해피엔딩 프로젝트 전통의 힘

일대종사 운명

가을하늘 140

전설의 주먹 시대의 등불

댄싱퀸 꿈

파파로티 교육과 배움

더 스토닝 종교

도가니 폭력

데드맨 워킹 미움

다우트 의심과 소문

일 포스티노 일상

월터의 상상력은 현실이 된다 체험

그랜 도리노 공감

내 사랑 장애

작은 신의 아이들 소통

굿 윌 헌팅 상처

웃는 남자 상처2

크로싱 이방인

더티 프리티 씽 이방인2

| 겨울숲 | 190 |

국제시장 **이별**
라스베가스를 떠나며 서울, **남조선의 평양**
원더풀 라이프 **선택**
말죽거리 잔혹사 **삶의 이유**
중경삼림 **정체성**
댄서(세르게이 폴루닌의 춤) **정체성2**
자산어보 **설렘**
매디슨 카운티의 다리 **꿈과 사랑**
님아 그 강을 건너지 마오 **기억**
봄날은 간다 **행복**
화양연화 **사랑**
히말라야 **우정**
스피벳, 천재 발명가의 기묘한 여행 **여행과 성장**
우리들의 행복한 시간 **감수성**
그녀에게 **평화**
조커 & 소울 **인정**

여행, 알면 사랑한다

2008 rootless 영국 노르웨이	245
2009 홀로 걸으라 그대 행복한 이여 인도	261
2010 비움과 채움 네팔	283
2013 2014 바라보고 상상하고 해석하라 필리핀	301
2017 왜 그래, 가 아니라 괜찮아 다시 인도	309
한반도 평화원정대 셋넷예술단	327
2018 베트남 캄보디아	328
2020 태국 라오스	333
2022 길 위의 노래	336
이타카로 가는 셋넷 열차	342
셋넷학교 이야기	350
셋넷 국내외 활동 연보	355
작가의 말	358

[셋넷 졸업생과 교사 이야기]
백 송이 꽃에는 백 가지 꽃말이 있다.

- 장 뤽 고다르 -

봄희의 꽃말 : 느낌을 잃어가는 나를 보며
(11기, 양강도 대홍단)

　원주 셋넷학교를 졸업한 뒤 서울에서 만난 남한 친구들은 너무 무기력해 보였다. 대학 신입생답지 않게 사회에 불만이 많았고, 부모의 소원을 대신 이뤄야한다는 생각들로 힘들어했다. 그들이 품고 있는 고민에 공감하기는커녕 오히려 그들이 나약해 보였다. 하지만 대학을 마칠 무렵 나 역시 그들과 같은 고민에 빠져 있다는 것을 느꼈다. 이력서 앞에서 밤을 뒤척이고, 면접 때문에 자신감을 잃어가는 나를 발견했다. 하지만 이런 모습을 친구들과 마음을 열고 나누지 않았다. 내 감정을 표현하는 건 여전히 어렵고 서툴다.

　힘들고 외로울 때 솔직하게 표현하는 친구들이 부럽다. 살면서 외로운 모습이 부끄러운 게 아닌데 애써 외면하고 숨긴다. 다른 사람들의 아픔이나 고통을 자신이 겪었던 경험들과 비교하며 무시한다. 아픔과 고통은 비교될 수 없는 것이고 아픔을 겪는 사람이 느끼는 만큼 아픈 것인데 함부로 비교하고 판단하려 든다. 이런 내 태도 때문에 친구들과 벽이 생기고 마음속 대화를 하기가 어려웠다. 어쩌면 남한 친구들이 차별을 했던 것이 아니라 내가 먼저 그들을 차별했던 것인지도 모르겠다. 차이가 차별로 이어지지 않도록 상대방의 처지를 이해하고 공감할 수 있어야 하는데 사는 게 만만치 않다. 글쓰기 느낌을 잃어가는 내 모습을 마주하기가 힘들다. 내 마음을 표현하는 게 왜 이렇게 어러운지 모르겠다.

향이의 꽃말 : 다행이야
(10기, 평안남도 평남)

조금만 스쳐도 터질 것만 같은 불안감과 자기 방어에만 충실해 주변에는 관심조차 두지 않던 이기적인 내가 처음 셋넷에 갔을 때 많이 놀랐다. "반갑다, 잘해보자, 애들은 나를 망채라 부른다, 너도 편하게 불러," 순간 마음속으로 이런 버르장머리 없는 놈들. 아무리 썩어빠진 자본주의 사회에 왔어도 감히 교장 선생님에게 별명을? 우리가 어떤 세상에서 살다 왔는데 배고픔에 시달리며 살아왔어도 예의는 지켜야지.' 고향에서 존중하는 순위를 매기자면 김정일 일가, 학교 선생님, 그리고 나의 아버지. 순위가 무려 2위인데 어려워해야 하는 선생님과 가위바위보를 해 설거지를 한다고? 몰래카메라인가?

전국에 안 가본 곳이 없을 만큼 차를 많이 탔다. 지역에서의 현장학습과 직업체험은 차를 타고 이동하는 것 빼고는 신나는 일이다. 어릴 적 고향의 교통수단은 자전거가 전부였다. 고향에서 본 자동차는 목탄차나 뜨락또르(트랙터)뿐이며 동네 소독이라도 하려는 듯 연기를 내뿜는 목탄차 뒤를 따라다니는 것이 놀이의 일부였었다. 전 세계적으로 교통사고로 사망한 사례가 거의 없을 것 같은 나라, 옆 동네 사는 재일교포 출신 할머니네 집에 1년에 한 번 오는 승용차를 구경하고는 신기해하며 살아온 북한 소녀의 창자를 셋넷 스쿨버스 봉고차는 마구잡이로 뒤집어 놨다. 하지만 멀미 따위가 길 위에서 만나는 좋은 인연을 막을 순 없었다. 온통 주눅이 들어 있는 내게 내 삶의 주인은 나라는 것을 깨우치는 연습을 위해 셋넷은 바삐 떠났다.

'틀려도 괜찮아, 실수할 수 있어, 당당하게 해.' 점심을 먹고 나면 누구는 사진 수업, 누구는 북 치는 수업, 누구는 기타, 누구는 댄스 뭐 이런 학교가 다 있어? 음치, 박치, 몸치 오합지졸로 이루어져 있는 무리 속에 고민할 것도 없이 빠르게 스며들었다. 하지만 시간이 지날수록 마음은 조급해졌다. 누가 나의 노래와 이야기를 들어줄까? 궁금해하는 사람은 있나? 빨리 한국 사람처럼 말투를 바꿔야 했고 한국 노래를 많이 외워서 북한 사람 같지 않다는 말을 들어야 했다. 인형극, 뮤지컬, 밴드 공연은 단 시간에 한국 사람이 되어야 하는 내게 시간을 낭비하고 있다는 조급함을 갖게 했다. 북한 사람임을 꼭꼭 숨겨야 한다고 생각했기에 낯선 관객들 앞에서 '내 이름은 금향입니다. 저는 북한에서 왔습니다.'라고 노래 부르게 될 줄 몰랐다. '할 수 있어, 두려워하지 말자, 신나게 즐기자,' 파이팅을 외치게 될 줄 몰랐다. 한 사람의 행복을 위한 학교의 최대 수혜자는 나일 것이다.

하루만 더 살아볼까 고민하고 태어난 것을 후회하면서 누군가 탓해야 할 사람이 필요해서 고향에 있는 엄마를 미친 듯이 미워했다. 누군가를 미워하기 위해 에너지를 쓰다 보니 지나치는 바람에도 흔들려 기진맥진했다. 그랬던 내게 셋넷은 인간 대접을 해 주었다. 부정적이고 적대적이던 내 감수성을 조금씩 따뜻하게 채워주었다. 나 스스로를 창피해하지 않아서 다행이다. 가족들과 웃을 수 있어서 다행이다. 미안하다고 사과할 줄 아는 엄마로 살고 있어서 정말 다행이다. 작은 삶이지만 감사하고 사랑하는 마음이어서 다행이다.

철만이 꽃말 : 아직은 살만하다
(9기, 함경북도 회령)

아무도 없는 빈집에 들어가는 것이 너무 싫었다. 혼자인 것이 너무 외로웠다. 그래서 집을 나설 때면 TV를 항상 켜놓고 나왔다. 그래서인지 서둘러 사랑했고 또래 친구들보다 빨리 가족을 만들었다. 셋넷에서 하라는 공부는 뒷전으로 미루면서 연애를 했다. 2014년 가을 치악산에 단풍이 물들었을 때 산기슭에서 세상에서 제일 아름다운 결혼식을 했다. 어느덧 일곱 살 딸아이와 여섯 살 아들을 지키는 아빠이자 가장으로 살아가고 있다.

한국살이 13년이 지났건만 자본주의를 알면 알수록 무섭다. 머리로만 알던 자본주의를 피부로 경험하니 냉정하고 살벌하다는 생각이 든다. 내가 태어났던 북조선은 개인의 삶을 강제했지만, 한국은 스스로 알아서 자기를 다그치고 채찍질하도록 해서 매 순간 긴장하게 만든다. 북한보다 살기 좋은 곳인데 뭐가 힘드냐고 한국에서 태어난 사람들이 되물을 때마다 할 말을 잃고 답답한 심정이다. 경우를 따지고 일마다 분명히 하기 위해 자신만만했던 내가 점점 없어지는 것만 같다. 문득문득 한 마리의 경주마로 변해가는 것 같다. 앞만 볼 수 있게 눈 주위를 가리고 내 의지와는 상관없이 경기장을 내달리고 있는 게 내 삶인 것 같다. 내 앞에서 내달리는 말들을 보며 저 말들은 지치지도 않고 언제나 나를 앞질러 가겠지 생각하다가 정신이 번쩍 들면, 쓸데없는 생각들을 접고 다시 미친 듯이 달리게 된다. 몸도 마음도 지치고 힘들면서도 왜 힘든지 잘 모르겠다. 이렇게 계속 가다 보면 멈추는 법을 잊는 건 아닌가 생각이 들곤 한다.

매 순간 긴장하고 살면서도 이제는 스승인지 부모인지 분간이 안 되는 망채샘이 힘들고 지칠 때마다 강제로라도 잠시 멈추게 해 주어서 안도한다. 조급해하지 말라고, 조금 쉬어 가도 된다고, 충분히 잘 살고 있다고 위로하고 지지해 주신다. 지나온 길들을 돌아볼 수 있는 여유를 가질 수 있게 해 주신다.

가끔 이유 없이 샘께 찾아가 힘들다고 펑펑 울다가 오기도 한다. 그럴 때면 아무 말도 안 하고 같이 울어 주신다. 그러다 보면 초조함으로 가득하고 도무지 희망이 보이지 않던 내일에 대한 두려움이 잠시나마 사라진다. 경쟁과 생존에 쫓기던 내가 보인다. 지금 무엇을 하고 있는지, 어떻게 살아야 하고, 어떤 삶을 향해 가야 하는지 자신에게 물어보라고 할 때마다 아직은 살만하다.

찬우의 꽃말 : 셋넷 색은 알록달록하다
(8기, 서울)

영어 자원교사를 하시던 아버지 영향으로 2010년 셋넷에서 중학교 과정을 공부했다. 열다섯 살 막내였던 나는 형이나 누나들에 대한 편견이나 색안경을 갖기엔 너무 어렸다. 10년 넘게 만나고 같이 여행하다 보니 형 누나들이 탈북자나 새터민이라는 하나의 무리로 다가오지 않는다. 나를 성장시켜 주고 편안하게 좋아하게 된 사람들일 뿐이다. 셋넷에서 베트남 여행을 갔을 때였다. "찬우는 왜 통일이 되어야 한다고 생각해?" 선뜻 질문에 답하지 못했다. "통일이 되면 옥단이 누나가 고향에 갈 수 있고 가족을 만날 수 있어서 좋은 거지." 누군가 말해주었을 때 내 안에 분명한 답이 생겼다. 셋넷에서 만나 사랑하게 된 사람들이 가족과 친구들을 만나고 고향에 자유롭게 갈 수 있다면 통일이 되어야 하는 이유로 충분하다. 사랑하는 사람들이 소중한 것들을 잃는 아픔을 겪지 않으면 좋겠다. 내 기억 속 셋넷은 하나의 색이 아니다. 셋넷 색깔은 알록달록하다.

나영이의 꽃말 : 취중 진담
(7기, 함경북도 회령)

영화 〈어바웃 타임〉 주인공이 시간을 되돌려 행복을 찾아가는 모습을 보며 내게도 저런 능력이 있었다면 얼마나 좋을까 생각했다. 지난날 좋았던 기억 속으로 훌쩍 여행을 떠나 잠시나마 힐링을 하고 싶었다. 안간힘을 쓰며 열심히 살지만 일상은 갈대밭에 바람이 불어오듯 나를 마구 흔들어 댄다. 그럴 때면 인생 멘토나 선배를 찾아가듯 망채샘을 찾아가 술 한 잔 하며 푸념을 늘어놓는다. 망채는 말없이 들어준다. 마음속에 숨겨 놓았던 지친 삶들을 주절주절 취중 진담 하듯 털어놓고 나면 내일을 살아갈 힘이 생기곤 한다. 살아보니 관계라는 바다에서 나를 지키며 나답게 살아간다는 건 늘 용기와 인내가 필요했다. 용기와 인내는 나에 대한 긍정적인 시선과 기억이 있어야 생겨난다. 셋넷이 심어준 시선과 셋넷과 함께 했던 즐거웠던 기억들이 있기에 가능했다. 어쩌면 셋넷은 지금의 나를 지탱해주는 힘인지도 모르겠다.

금희의 꽃말 : 사랑하라 놓지 마라
(1기, 함경북도 아오지)

고향을 떠난 내겐 트라우마로 자리 잡은 탈북의 아픔이 남아 있었다. 스스로 마음을 돌보는 일이 어려웠다. 오래도록 방황하고 슬픔에 젖어 살았다. 어디에서도 어울리지 못하는 외톨이였고, 원하는 삶을 살 수 없었다. 꿈의 나라 대한민국에 왔지만 행복하지 않았다. 어릴 적 산과 들과 흙을 밟고 자란 내게 잘 다듬어진 아스팔트 도로는 보기에는 반듯해 보였지만, 그 길을 걷는 내 마음속 깊은 곳은 늘 외롭고 추웠다. 고향을 떠나 무서움과 공포와 슬픔과 분노를 안고 비틀거리며 살다가 어느 날 셋넷을 만났다.

2004년 가을 셋넷학교의 첫 건물은 반 지하였다. 비록 계란판을 벽에 붙여 만든 보잘것없는 모습이었지만 마음이 편했다. 허름한 교실에 모인 우리들을 있는 그대로 받아주었고 인정해 주었기 때문이다. 한국에 와서 친구 한 명 사귀지 못했던 내가 셋넷에서 대학생 또래 선생님들을 만났다. 그들과 추억을 만들고 서로를 알아가며 소중한 인연을 맺었다. 마냥 좋았다. 내 모습 그대로 바꾸지 않아서 편안했고 자연스럽게 선생님들과 시간을 보내는 것이 좋았다. 덕분에 대학에 진학해서도 외롭지 않게 졸업할 수 있었다. 돌아보면 셋넷에 대한 기억은 늘 음악과 영화와 마음을 다듬어주는 책들로 가득했다.

셋넷과 함께하는 여정이 있었기에 한국에서의 15년 삶을 잘 버텼다. 학습능력과 정보가 부족했던 대학 생활의 어려운 고비마다 셋넷이 옆에 있었다. 아무도 우리를 이해해 주지 않을 때에도 셋넷은 든든하게 곁을 지켜주었다. 때때로 삶이 힘들고 외로울 때면 셋넷을 찾아가서 지친 마음을 보듬던 시간들이 있었기에 나의 30대는 병들지 않았고, 꿈과 사랑을 키울 수 있었다.

'사랑하라 놓지 마라' 박상영 선생님이 2007년 호주로 워킹홀리데이를 떠날 때 내게 써준 편지다. 편지의 마법에 홀려 호주에서 내 평생의 짝을 만나 사랑했고 놓지 않았다. 지금은 호주에서 남편과 함께 아이를 키우며 산다. 한국에 살 때는 탈북자에 대한 한국 사람들의 시선이 원망스러웠고 불편했다. 한국이 아닌 호주에서 나는 탈북자가 아닌 이민자다. 한국에서 온 사람들 역시 나와 같은 처지의 이민자다. 탈북자도 아닌 한국 사람도 아닌 나는 호주에서 이민자의 아픔과 외로움을 느끼며 살아가지만 살아보니 별거 아니더라. 사람 사는 건 똑같고 마음 닿는 사람끼리 서로 의지하며 살아가는 게 최고라는 삶의 진리가 이제는 마음에 와닿는다. 그 마음을 스스로 다스리고 잘 지키고 가꾸게 했던 셋넷이 있어서 참 고맙다.

인연 한 조각과 향긋한 기억 그리고 그리움
오원환(셋넷 자원교사, 군산대 교수)

2005년, 선영이가 한국을 떠나기 전 같이 식사했다. 선영이의 마지막 모습을 카메라 로우 앵글로 찍었다. 그때 선영이가 참 용감하다고 생각했다. 세월이 한참 흐른 뒤 영국에서 마주한 선영이는 변함없이 밝고 다정했다. 몇 년 후 한국에서 다시 만난 선영이는 여전히 환하고 용감했다. 백화점 사장이 될 거라던 당찬 포부가 떠올랐고 그 꿈을 이루게 될 것이라고 믿는다.

2006년, 중국 쪽 두만강에서 북한을 바라보며 갈대밭을 지날 때다. 두만강에 손을 적시며 감격했지만 금희는 불안해하며 왜 이런 곳에 오는지 거부감을 드러냈다. 그때 느꼈다. 중국 공안에 붙잡혀 북송되고 처절한 경험을 했던 곳이 국경이었다는 것을. 북한 회령이 가깝게 보이는 중국 삼합에서 점심을 먹을 때 중국 공안이 갑자기 찾아왔다. 옆에 있던 광혁이는 다리에 힘이 풀려 털썩 주저앉았다. 그때 실감했다. 국경이라는 공간이 목숨을 걸어야 했던 절박한 순간들로 채워진 공간이었다는 것을.

2008년, 스코틀랜드 글래스고를 방문했다. 영국에 위장 망명한 탈북민에 대한 영국 정부의 색출과 추방에 관한 루머가 떠돌고 있었다. 그 때문에 그곳에서 가정을 이루고 살던 주철이는 만남을 망설였고 주저했다. 그곳에 먼저 와 있던 성일이와 주철 아내의 설득으로 떠나기 전날 극적으로 만났는데 언제 그랬냐는 듯이 즐거운 시간을 보냈다. 다음 날 노르웨이로 떠나는 우리를 위해 주철 아내가 한국 향기 가득한 도시락을 건넸다. 뭉클했다. 10년 뒤 우린 다시 만났다. 주철 부부는 10년 전보다 더 반갑게 맞이했다. 시간이 될 때마다 뭔가를 들고 찾아와서 깊은 밤까지 이야기를 나눴는데, 시차 적응을 못한 나는 구석에서 병든 닭처럼 헤매고 있었다.

금호는 2003년 똘배 시절 만났다. 돌아가신 부모 형제와 자신의 존재를 인정해줬던 고향만이 유일하게 그립다고 했다. 소리 없이 이 땅을 떠났던 금호를 혹시나 만날 수 있을까 기대하면서 2008년 여름 대책 없이 노르웨이에 갔지만 끝내 만나지 못하고 허망하게 돌아왔다. 20여 년이 지나도 만나지 못한 금호가 어디선가 잘살고 있을까.

2012년, 금희 부부가 호주 이민을 준비하고 있었다. 금희는 2006년 중국과 몽골 여행 중 만든 다큐멘터리 〈길 위에서 나누는 대화〉의 주인공이었다. 편집 작업을 하면서 금희가 부정적으로 보이는 게 걱정되어 일정 분량을 삭제했다. 가편집 영상을 본 금희는 자신의 부끄러운 모습들을 넣어도 괜찮다며 쿨하게 말했다. 최종 영상을 시사하는 자리에서 금희는 나 너무 못되게 나온다며 웃었다. 영상작업과 무관하게 금희는 항상 나를 챙겼고, 늘 고마웠다. 얼마 전 영상 통화로 만난 금희는 여전히 씩씩했고, 호주의 대학에서 요리를 배우면서 식당 개업을 준비하고 있었다. 누구보다 많은 시간을 함께했던 씩씩하고 용감한 금희가 그립다. 내게는 똘배 중 가장 믿음이 가는 제자였고 추억이 가장 많다. 언젠가 호주에서 이어갈 만남과 인연을 생각하며 금희와의 추억은 아껴두련다.

2018년, 낯선 땅에서 송림이를 어렵게 만났다. 송림이는 거칠지만 순진하고, 힘자랑하기를 좋아하는 철없지만 귀여운 제자다. 송림이는 짧은 머리를 하고 얼굴은 검게 그을려 있었다. 누가 봐도 첫인상이 험상궂게 보였다. "머리가 왜 그러니?" "이렇게 해야 여기 애들이 무시하지 않아요." 체력이나 싸움에서 지기 싫어했던 송림이는 동양인이라고 무시당할까 봐 거친 외모를 만들어 낯선 곳에서 스스로를 방어했다. 송림이의 다리에는 흉터가 있다. 어려서 어른 몰래 권총을 가지고 놀다가 자신의 다리에 격발 해서 입은 총상이다. 셋넷 시절에는 딴 놈이 먼저 먹을까 봐 익지도 않은 삼겹살을 입에 욱여넣기도 했다. 마음의 상처를 안고 살고 있을 송림이가 그립다.

양미는 얌전하고 착하다. 행동이 올곧고 몸이 좀 약하지만 남학생들의 보호본능을 일으키는 묘한 매력을 지녔다. 외모보다 마음씨가 더 매력적인 양미를 잊지 못하는 똘배들이 여럿이다. 2018년 런던에서 만난 양미는 어느덧 두 아이를 키우는 엄마가 되었고 독학으로 공부해서 북유럽 대학에서 공부하며 열심히 살고 있었다. 양미 선영이와 바쓰(Bath)를 거쳐 맨체스터까지 여행했다. 15년 만에 함께하는 여행이었다. 300년쯤 되었을 영국식 고택에서 바비큐와 맥주를 마시면서 약속했다. 셋넷들과 다시 여기에 꼭 오자고 몇 번이고 다짐했다.

2022년, 똘배(셋넷 전신 똘배학교, 2003-2004)와 셋넷을 알게 된 지 20년이 흘렀다. 첫 정(情)이라는 말, 내게는 셋넷 초기 만났던 똘배들이 첫 정(情)이다, 그때가 언제일런지 모르겠지만 호주로 이민 간 금희와 금천이를 만나러 불쑥 떠날 것이다. 양미를 만나러 북유럽을 느닷없이 헤매고 있을 것이다. 상영 샘이 또다시 내 귀에 거부할 수 없는 바람을 불어넣으며 길을 떠나자고 부추길 게 뻔하다. 그러면 나는 순박한 미숙 샘을 같이 가자고 꼬시게 되겠지. 우리의 셋넷 여행길에는 시원한 맥주가 빠질 수 없다. 지금까지 그래 왔듯이 셋넷과의 인연과 만남은 한 편의 영화처럼 늘 내 안에서 설렌다.

감수성에 대하여

'세상이 점점 더 미쳐가고 있다.' 영화 조커의 첫 장면 대사다. 그를 미치게 했던 세상의 문제는 소통이었다. 소통에 서툴렀던 평범한 시민이 비뚤어진 소통으로 괴물이 되어가는 과정을 그린 영화가 〈조커〉다. 납득하기 힘든 파괴적인 소통으로 일그러진 사람들이 매일 뉴스에 등장한다. 분단이 만들어낸 극단적인 진영陣營 사회에서 존재감을 상실한 개인들은 자기 멸시와 타인에 대한 미움으로 생존한다. 끝나지 않은 전쟁, 한국전쟁의 비극은 분단이 지속되고 고착되면서 생생하게 현재화되고 있다. 한반도의 분단은 사람과 공간의 소통이 강제로 끊어지고 분리되어 생겨난 집단 병리현상의 뿌리다.

분단으로 병든 한반도에서 평화를 상상하고 구체적으로 느낄 수 있을까. 나와 당신이 일상에서 얼마나 행복한지를 실감하고 행복을 실현시킬 방안과 가능성을 의심하지 않을 때 가능하다. 삶은 소통을 통해서 건강하게 지속된다. 뭘 먹어도 맛을 느낄 수 없고, 먹고 나서 소화를 시킬 수 없는 고통이 지속된다면 쥐고 있는 권력이 무슨 소용이 있을까. 불면의 밤들을 뒤척이다 핏발 선 눈동자로 새벽을 맞이한다면 지닌 재물과 명예가 무슨 의미가 있을까. 이렇듯 생을 마칠 때까지 내 몸에서 수시로 일어나는 소통은 막힘없는 순환을 갈망한다. 순환은 내 안의 수많은 욕구들이 외부와 소통하려는 적극적인 생명 의지다. 무시했던 일상의 욕구들이 삶을 신선하게 해 줄 존재의 소통이라는 것을 알아차려야 일상이 평화로울 수 있다.

한 사람의 행복한 소통은 어떻게 가능한가. 나와 타자가 따뜻하고 평등하게 소통하려면 무한경쟁으로 소외된 개인과 낡은 이념으로 병든 집단 간의 소통을 이어 줄 생명줄이 필요하다. 행복하게 살고 싶다면 기존의 집단 권력에 대한 기대를 내려놓아야 한다. 권력을 탐하는 이들은 소통보다는 일방적인 강요를 통해 공공公共의 정의正義와 이익을 조작한다는 것을 역사에서 반복적으로 경험한다. 행복한 소통 건강한 소통은 자신 안에서 욕망하는 수많은 나들을 살피는 자기 돌봄에서 시작된다. 긍정적인 자기 성찰은 나와 이해관계로 얽힌 타자들에 대한 적대적인 시선과 태도를 인정과 배려로 변화시킬 것이다.

존재가 행복해지는 소통, 일상에서 평화로운 소통은 혼자로는 이루어지지 않는다. 타자와의 관계성에서 비롯된다. 소통이란 '외부 자극을 받아들여 내 것으로 느끼는 능력'(함지훈)이다. 개개인이 세상과 맺는 소통 역량을 감수성이라 하고, 감수성의 깊이와 섬세함에 따라 그 사람의 공감共感 능력을 가늠한다. 자극은 1차적으로 사람이나 사물이거나 자연현상 등 자신의 밖으로부터 오기 때문에 감수성은 외부 세계에 대한 개개인의 감각이나 이해력이라 할 수 있다.

개교 이후 일관되게 지켜온 소통의 이유와 감수성의 대상은 단연 사람이었다. 셋넷학교의 또 다른 이름은 [한 사람의 행복을 위한 학교]다. 셋넷은 2003년 세웠지만 이듬해 교회에서 쫓겨나 거리에서 시작했다. 우리를 쫓아낸 교회란 건물이 아니고 사람이었다. 어디서 무엇을 하며 살아야 하는지 매일 선택해야 하는 일상 때문에 인간관계는 걱정과 불안의 영역이 되었다. 믿음의 공동체 사람들에게 학교가 상처를 받았던 것처럼, 셋넷에서 만난 문단의 청소년들이 품고 있던 불행과 아픔은 사람들 때문이었다.

한 사람의 삶은 가족 친구 연인 타인으로 관계 그물망이 엮이면서 성숙하지만, 모든 관계와 소통이 소용돌이치는 곳은 그 사람의 몸이다. 이렇듯 감수성은 자기 자신으로부터 시작되기에 외부 사람이나 사물에 앞서 내 안의 수많은 나들과 세심하게 소통해야 행복의 터전을 다지게 된다. 자신이 은밀하게 느끼는 자극이나 숨겨진 감정들을 정직하게 살펴야 감수성이 건강해진다. 그렇기 때문에 감수성은 '나를 살피고 나와 다른 이들에 대한 이해와 수용을 구체화하는 일상의 마음 짓과 몸짓'이라 할 수 있다.

나라는 존재 안에는 외부 환경과 타인의 삶들로 형성되는 수많은 내가 있다. 내 안의 '나'들이 일상에서 만나고 소통하는 사람들은 사랑하는 대상과 살아가는 방식이 다 다르다. 그래서 건강하고 따뜻한 감수성은 '사람과 사람을 이어주는 다름과 차이의 생명 그물망'이어야 한다. 분단으로 대립하는 개인과 집단들을 이어 줄 생명줄이 감수성이어야 하는 이유도 여기에 있다. 관계와 소통으로 형성되는 감수성은 연결되어 있어서 나의 감수성이 타자의 감수성과 긴밀하게 영향을 주고받는다. 연결되어 있다는 것은 일상에서 상호 의존성을 구체적으로 느끼는 것이다. 자연현상에서 보듯 상호 의존적 존재들의 본질은 다양성이다. 다양성은 차이와 인정과 존중으로 공존한다. 감수성은 낯설고 어설픈 관계를 성숙하게 이끌 수도 있고, 조커처럼 엉망진창으로 만들어 병들게도 한다.

감수성이 뭐냐고 셋넷학교 졸업생 철만이가 궁금해한다. 감수성 연습과 훈련은 어떻게 해야 하는지 막막해한다. 감수성은 자기 내면의 힘을 알아차리고 의심하지 않는 마음의 텃밭이다. 일상에서 자신을 사랑하는 지속적인 기운이 감수성이다. 자신을 존중하지 못하면 어떤 일이 일어날까. 사회와 집단이 제시하는 중심과 표준에 미치지 못하는 자신에게 화가 나고 초조해한다. 비교하고 비교당하며 생겨난 부정적인 기운들이 일정 기간 지속되면 타자를 향한 미움과 분노로 드러난다. 결국 열등감의 노예로 살게 된다. 열등의식에 사로잡힌 자들이 지어내는 삶은 강자와 약자를 구분하고 가진 자와 가난한 이들을 분리한다. 강자와 가진 자를 선망하고 그들이 성취하는 힘에 전적으로 복종한다. 복종의 대가로 생겨난 우울하고 모멸스러운 감정들을 약자와 가난한 이들에게 이유 없이 선사한다. 이러한 악순환이 우리 사회 차별의 본질이다. 영화 〈펄프픽션〉이 묘사하는 사회처럼 맹목적 권력을 향한 온화한 폭력과 표리부동表裏不同한 소통들로 병든 모습이 내가 경험한 우리 사회 풍경이다.

분단으로 대립하는 두 나라가 상대방을 누르고 가두겠다는 강박으로 생겨난 '집단 열등감'이 우울한 풍경을 채우고 있다. 감수성은 집단 열등감에 대항할 개개인의 평화의 도구다. 스스로 선택할 수 없는 시대에 태어나 적응해야 하는 제도 교육과 사회화와 관습에서 자유로울 수 있는 개인이 얼마나 될까. 사람과 사람과의 관계 너머 행복한 삶을 살기 위해 소통해야 하는 마지막 대상은 시대다. 나와 당신이 살아가는 시대는 녹슨 분단으로 고통받고 있고, 참회 없는 일본과 친일파 후예들의 탐욕이 멈추지 않는다.(영화 〈콜리니 케이스〉를 보라) 우리가 사는 지금 여기와의 정상적인 소통을 외면하고, 이 시대를 내 삶으로 성찰하는 감수성을 숨긴 채 순종하며 살아가면서 행복하다고 할 수 있을까.

온몸에 분단을 새긴 채 목숨 걸고 먼 길을 온 철만이에게, 잘 사는 대한민국에 왔으니 더 이상 불행하지 않다고 답할 수 없는 부끄러움이 있다. 분단된 반쪽 나라에서 다양한 국적과 문화적 배경을 품은 사람들이 섞여 살면서, 신분과 피부와 지역과 국가로 차별하고 경제력으로 구분하기를 주저하지 않는다. 구분과 차별의 1차 희생자들은 북조선 출신 이주자와 못 사는 나라 이방인들이겠지만 자신과 가족이 최종적인 불행의 수혜자가 될 것이다. 분단으로 생긴 미움과 증오로 존재의 이유를 찾던 우리가, 지역과 이념으로 갈라져 철책 건너 풀지 못했던 분노를 서로에게 전가시키고 있지 않은가. 누구를 원망해야 할지 모를 분노에 휩싸여 남과 시대를 탓하다 지친 사람들이, 결국 초라한 삶에 대한 원망을 만만한 자기와 죄 없는 가족에게 돌리게 된다. 행복하게 살고자 한다면 자신을 사랑하는 만큼 타인을 존중하는 삶을 우선순위에 두어야 한다. 가까운 사람들과 서둘러 감수성 훈련을 시작해야 하는 이유다. 나를 어떻게 사랑할 것인가.

나를 사랑하는 일은 막막하고 어색하지만 실마리는 의외로 가까이에 있다. 내 몸을 구체적으로 살피고 생생하게 되살리는 일에서 출발해보면 어떨까. 머리의 말인 생각과 몸의 말인 느낌은 관찰에서 비롯된다. 우리는 제대로 바라보는 행위를 잃어버린 지 오래다. 제도권 학교와 대중매체가 심어준 사회화된 시선을 의심하지 않는다. 사회화는 집단 속에서 자연스러운 성장과정이지만 기득권 사회가 개인의 삶과 이상理想을 외면할 때, 개인은 가족과 가문과 이익 집단이라는 울타리에 갇히고 만다. 개인의 꿈과 행복은 보이지 않는 힘에 의해 지속적으로 통제되면서 서서히 병든다. 개인의 존엄이 훼손되는 사회화가 세대를 거쳐 반복되고 관습화 된 문화적 전통으로 군림한다. 결국 개인은 집단 편견과 사회적 통념에 사로잡혀 판단하면서 마치 자신이 보고 선택한 것으로 착각하며 살아간다.

첫 단추를 잘 꿰는 게 중요하다. 관찰과 바라봄이 왜곡되면 생각과 느낌이 비틀리고 몸이 먼저 아우성친다. 이유도 모른 채 몸이 맑지 못하다. 머리가 아프거나 띵하다. 소화가 잘 안 되고 먹으면서 딴생각에 골몰한다. 다리는 무거워 금세 몸이 피곤해지고 만사가 귀찮다. 건성건성 적당히 기계처럼 움직인다. 나와 당신의 몸을 살리려면 타자와 집단이 심어준 시선이 아니라 자신이 주인이 되어 관찰한 것들로 몸을 새롭게 채워야 한다. 인정 욕망과 열등감에 휩싸인 시선에서 벗어나 각성覺醒으로 깨어난 새로운 생각과 느낌들로 내 몸을 신선하게 바꿀 수 있다. '바라봄(관찰)'은 막연하고 추상적이지 않아야 한다. 봄날 여름밤 가을 하늘 겨울 숲을 살피고 일상의 변화를 각자 몸으로 느껴야 한다. 비난과 원망하지 않는 편안한 말들로 따뜻하게 이야기해주는 사소한 작업부터 시작해야 한다.

　돈과 권력을 향한 삶에 영혼을 의지하고, 타인의 인정을 받으려는 욕망은 집단적이고 집요하다. 한 사람의 행복은 상대적으로 허술하고 허약하기 때문에 개인과 소집단을 이어 줄 감수성의 그물망이 필요하다. 더불어 연습하고 함께 훈련할 수 있는 생활 집단들이 촘촘하게 연결되어야 한다. 같이 여행하고, 같이 영화 보고, 같이 맛난 음식을 먹고, 같이 상상하고, 같이 놀 수 있는 사람들의 '관계 그물망'이 거미줄처럼 유연해야 한다. 살다 보면 의심이 밀려오고, 문득 두려워지고, 지치고 후회되고, 외로움으로 사무치는 순간들이 시도 때도 없이 일상을 덮친다. 그럴 때마다 위로를 나누고 격려하는 우정에 목마르다. 서로를 정성으로 돌보며 다시 기운을 차릴 수 있도록 돕는 우정의 그물망이 있어야 한다. 개인의 여린 감수성은 당당하고 유연한 우정의 기운들로 울타리를 쳐야 건강하게 지속될 수 있다. 호시탐탐 밀려드는 자본주의 경쟁과 탐욕에 대항할 수 있는 일상의 힘은, 개개인이 실천하는 공간 감수성(배려와 존중)과 평화 감수성(인정과 지지)의 단단한 결속으로 드러난다.

홀로 탈북하여 두 아이의 엄마가 된 향이에게 물었다. 아이들은 어떻게 키우고 싶냐고. '싸가지 있게 자랐으면 좋겠어요.' 싸가지, 자기다움, 타인을 존중하고 배려하는 소통, 그게 바로 감수성이다. 싸가지 있는 자녀로 키우고 싶다면 풍성한 감수성의 정원에서 자라도록 도와야 한다. 그 정원은 엄마 아빠의 감수성이 거름이 되고 검은 흙이 되어 짙은 향으로 깊어져야 한다. 나와 내 안의 나, 나와 가족, 나와 타인, 나와 이방인, 나와 세상 사이에서 매일매일 맺어야 하는 관계들을 싸가지 있는 소통으로 가꾸는 일상이 감수성 연습이고 감수성 훈련이다. 나와 당신이 품는 싸가지(감수성)의 격이 한 번뿐인 삶을 행복의 나라로 이끈다.

천재 바이올리니스트 파가니니는 자신을 '음악으로 숨 쉬는 사람'이라고 고백했다. (영화 파가니니) 나는 경쟁과 차별로 번성하는 자본주의 시장을 넘나들며, '우정을 나누고 아픔에 공감하는 감수성'으로 숨 쉬고 소통하련다.

영화,
편견엔들 꽃을 피우지 못하랴!

우리가 진정한 국가다. 지도에 그려진 경계도 없고 강한 자의 이름도 없는 바람의 궁전에서 당신과 친구들과 걷기를 소망한다.
지도가 없는 대지를 영원한 사랑으로 걷고 싶다
- 영화 [잉글리쉬 페이션트] -

봄날

흉터와 옹이로 무장한 세상과 매일매일 맞서는 셋넷 친구들에게 길잡이 늑대가 될 수 있을까. 일터와 가족에게서 위로받지 못했던 상처들이 품고 있을, 위대했던 지난날들을 다정하게 돌보며 건투를 빌어 주리라. 불확실한 사랑과 혼돈의 믿음이 교차하는 시대지만 그럼에도 불구하고 유쾌하게 잔을 건네리라.

그린 북
편견

편견 넘어 우정의 세상으로 나아갈지니

　도무지 어울릴 것 같지 않는 연주자와 운전수가 8주간 여행에 동행한다. 운전수는 클럽에서 골치 아픈 취객들을 주먹으로 처리하는 일을 하는 이탈리아계 이주민이다. 그는 자기 방식과 스타일을 고집하는 상남자다. 연주자는 천재적인 음악성과 발군의 연주로 미국 북부지역에서 부와 명성을 얻은 흑인 피아니스트다. 어린 왕자에 등장하는 왕처럼 치장하고 뉴욕 카네기홀 건물 전방 좋은 방에서 친구도 없이 고독하게 산다.

　두 사람은 위험천만한 순회공연을 떠난다. 남부지역으로 출발하는 날 소속 음반사 매니저가 운전수에게 책 한 권을 건넨다. 〈그린 북, 흑인들을 위한 여행지침서〉 흑인들이 미국을 여행할 때 반드시 챙겨야 하는 필수 준비물이다. 흑인들은 지정된 숙소와 식당에서만 자고 먹을 수 있다. 서울에 공중전화가 등장한 1962년, 자유와 평등의 땅 미국에서 실제로 벌어진 일이다.

투어 도중 숙소를 잡고 근처 바에 들어갔던 흑인 연주자는 백인들로부터 집단구타를 당한다. 절차 없이 백인 경찰들에게 벌거벗겨진 채 수갑을 찬다. 흑인에게만 적용되는 야간 통금시간에 차를 타고 이동했다는 것 때문에 경찰서 유치장에 갇힌다. 초대받은 남부 대저택에서 집주인의 거절로 화장실에 가지 못한다. 흑인은 밖에서 볼 일을 봐야하기 때문이다. 유명 레스토랑에서 제공한 연주자 대기실은 허접한 창고다. 흑인 입장 불가라는 오랜 전통 때문에 초대 받은 연주자는 식사를 거부당한다. 이 모든 일들이 내가 태어난 1962년 미국 땅에서 일어난 일들이다.

가해자인 미국 백인들 조상은 유럽 사회 주류계층에게 차별받다 쫓겨난 주변인들이었다. 그들은 원주민인 아메리카 인디언을 말살하고 노예로 팔려온 흑인과 유럽 주변국 이주민들을 차별하고 박해했다. 자신들에게 차별과 박해를 심어준 유럽 주류 사람들을 흉내 내며 뼛속 깊이 그리워했다. '우리는 모든 인간이 동등하게 창조되었으며 창조주에게 생명 자유 그리고 행복을 추구할 권리와 같은 양도할 수 없는 권리를 수여받았다.'

미국 독립선언서는 1776년 작성되었지만 미국 백인들이 생각했던 인간은 로마시대 시민의 한계에서 벗어나지 않았다. 트럼프 시대 미국이란 여전히 백인이 아닌 주변 인종들은 '그린 북'을 품고 있어야 안전하다.

고집불통 운전수는 흑인 연주자가 편견에 맞서려고 위험한 남부지역 순회공연을 자청했다는 사실을 알게 된다. 두 사람은 흑인을 차별하는 식당에서의 마지막 순회공연을 거부한다. 흑인들이 즐기는 혼잡하고 자유분방한 건너편 식당으로 향한다. 운전수가 연주해보라고 용기를 북돋자 흑인 연주자는 클래식 음악을 조심스레 연주한다. 재즈를 즐기며 술 마시고 떠들던 흑인들이 열렬히 환호한다. 백인문화를 흉내내며 자신을 부정했던 흑인 연주자는 마침내 자기 안의 편견을 넘어서서 경멸하던 재즈를 흥겹게 연주한다. 운전수는 따뜻하게 바라본다. 우정과 용기가 만들어낸 아름다운 풍경이다.

'가난의 반대는 부富가 아니다. 가난의 반대는 정의正義다.(영화 저스트 머시) 여전히 편견으로 작동하는 세상이지만 힘없는 사람들의 용기와 우정으로 세상은 조금씩 따뜻해진다. '사람의 마음을 변화시키는 건 천재성이 아니야. 사람의 마음을 움직이려면 용기가 필요해.'

가벼나움
모멸감

우린 모두 사랑받기 위해 태어났다

아이는 제 나이를 알지 못한다. 출생신고도 안 했다. 존재에 대한 기록이 없기에 부모조차 아이의 나이를 알지 못한다. 열두 살로 추정되는 아이는 또래 아이들과 버려진 담배를 나눠 핀다. 허물어진 건물에서 어른들이 벌이는 전쟁 흉내를 내며 총싸움 놀이를 한다. 아이를 낳는 것 외에 무기력한 부모를 대신해서 동네 구멍가게에서 심부름한다. 자주 물건을 훔치고 불법으로 제조한 이상한 주스를 길거리에서 팔면서 동생들을 건사한다. 또래 아이들이 학교 가는 시간에 아이는 무거운 물통이나 가스통을 배달한다.

엄마는 아이를 학교에 보내라고 남편을 닦달한다. 학교에 가면 먹을 것과 옷들을 주기 때문에 집안 살림에 도움이 된다는 이유다. 열두 살로 추정되는 아이는 자식들에게 눈꼽만치의 관심도 없는 부모를 고발한다. 엄마 뱃속에 있는 동생을 자기처럼 비참하게 살게 할 수 없으니 제발 낳지 말게 해달라고 법에 호소한다. 부모는 초경을 시작한 아이를 팔아 버린다. 태연하게 섹스를 하고 다시 임신한다. 신께서 한 아이를 보내고 또 한 아이를 주셨다며 감사한다.

바다 건너 밀입국한 젊은 여자는 젖먹이 아기를 화장실에 숨겨놓고 불안한 임시직 청소 일을 한다. 위조서류를 만드는 남자는 그녀의 불법체류를 연장하기 위한 서류 비용을 깎아주며 유혹한다. 이런 상황에서 아기를 키울 수 없으니 좋은 부모와 환경 속에서 자라게 해줘야 한다며 아기를 팔라고 종용한다.

부모를 고발한 아이가 태어난 동네는 오래전부터 증오로 뒤덮인 싸움으로 사람들이 죽고 정답던 도시는 파괴되었다. 끔찍한 인간성 파괴와 공동체 와해는 종교에서 비롯되었다. 폐허와 같은 도시에서 아이는 부모를 진지하게 고발하고 부모는 함부로 아이를 팔아먹는다. 용서와 사랑으로 인간을 복되게 하는 종교가 뻔뻔스럽게 벌려놓은 참상이다.

열두 살 된 아이가 여동생을 임신시켜 죽게 만든 구멍가게 남자를 칼로 찌른다. 생명이 저버려진 경계 너머 도시에서는 오늘도 습관적으로 기도를 하고, 참회 없는 용서의 선언을 버젓이 반복한다. 이 천년이 지난 가버나움 도시의 민낯이다. 우리 사는 세상에는 사악한 종교들로 인해 피 흘리고 신음하는 가버나움들이 너무 많다. 아픔과 상처들은 영문 모르게 태어난 아이들 몫이다. 사랑받기 위해 태어났다고?

'정상적이란 무엇인가? 어린아이 눈동자 속의 건강한 웃음인가, 어른들의 죽어버린 시선인가.' 연극 〈에쿠우스〉에서 정신과 의사 다이사트가 독백한다. 아이들의 싱그러운 웃음은 거짓된 교리와 타락한 어른들의 시선으로 매 순간 일그러지고 파괴된다. 열두 살 아이는 자신의 존재를 증명하는 서류를 만들기 위해 사진을 찍으며 처음으로 웃는다. 지옥에나 있어야할 가버나움 도시가 세상에 있을 수 있는 마지막 이유다.

한공주
분리와 배제

아무도 믿지 마라 나쁜 세상이다.

중국 우한에서 발생한 바이러스가 전 세계를 공포에 가뒀다. 공포와 혼란의 도시에 갇혀있던 우리나라 교민들을 보호하기 위해 정부에서 전세기를 보냈다. 문제는 그 다음에 벌어졌다. 그들이 모국으로 돌아와 격리 수용될 시설이 있는 도시와 마을에서 받아들일 수 없다면서 집단항의와 농성이 일어났다. 사태를 진정시키고자 찾아갔던 장관과 차관이 물과 계란으로 봉변을 당했다. 그들이 뭘 잘못했지. 어디로 가야하는가. 그들이 위로받을 집은 어디인가.

여고생 '한공주'는 지옥조차 외면할 남고생들에게 집단 성폭행을 당했다. 함께 당한 친구는 견디지 못하고 자살했다. 온전한 피해자 공주는 다니던 학교에서 졸지에 바이러스가 되었다. 여우처럼 현명한 교장은 그녀를 자기 선배교장 학교로 옮겨 숨겼다. 수세식 화장실 물 내리듯 없던 일로 외면했다. 공주를 지도하던 교사들이 불결한 벌레를 보듯 대하자 그녀는 한없이 미안한 표정으로 말했다. "저 잘못한 거 없어요."

하늘을 우러러 한 점 잘못도 없는 공주는, 좋아하는 노래와 새로운 학교에서 만난 우정의 온기로 다시 살아갈 힘을 조금씩 얻는다. 하지만 공주를 집단 폭행한 악마들의 부모들이 수업 중인 교실로 찾아간다. 그녀는 전학 간 학교에서의 짧은 평화마저 깨지고 묻지도 따지지도 않는 더러운 바이러스가 되고 말았다. 당분간 집에서 근신하라는 교장의 통보로 마지막 피난처였던 학교에서 쫓겨난다.

'없는 것들이 제주도로 수학여행 간 것이 문제다.' '죽은 애들을 볼모로 돈 장사를 하는 더러운 부모들 때문에 사회가 분열된다.' 즐겁게 수학여행을 떠났다가 어처구니없는 사고로 수장된 아이들과 부모는, 사과는 커녕 위로조차 받지 못한 채 세상을 떠돈다. 미처 꽃이 펴보지도 못하고 죽은 아이들과 애통해하는 부모들이 뭘 잘못했지? 어디로 가야하는가. 그들이 위로받을 집은 어디인가.

어쩌면 피해자가 아니고 피의자 일지도 모른다는 수군거림으로 차가운 거리로 내몰린 공주는 애원하듯 말한다. "사람들은 나보고 미안하다 하는데 나는 왜 도망가야 하죠?" 실내수영장에서 몸부림치며 25미터 건너편까지 가기 위해 안간힘을 쓴다. 아무런 잘못 없이 신종 바이러스가 되어버린 그녀는 무작정 살고 싶었다. 하지만 그녀는 숨 가쁘게 물장구만 치고 그 자리를 맴돌 뿐이다. 한공주는 뭘 잘못했지. 어디로 가야하는가. 그녀가 위로받을 집은 어디인가.

공주는 다시 시작하고 싶었다. 좋아하는 음악을 듣고, 친구들과 우정을 나누고, 편의점에서 알바하며 오순도순 살고 싶었다. 모나지 않게 자라나 평범한 꽃이 되고 싶었다. 그게 잘못인가. 그렇게 살면 안 되는 건가. 서울은 오늘도 아무 일 없이 평안하다. 잔잔한 강물이 흐르는 한강다리에 주인 없는 가방 하나가 덩그러니 있다. 가방은 공주가 세상으로 내몰리며 안간힘으로 품고 다녔던 이 세상 마지막 그녀의 집이었다. 공주야, 아무도 믿지 마라. 나쁜 세상에 살게 해서 정말 미안하구나.

카트
약속과 신뢰

> 친하지 않아도 돼. 친절하기만 해도 고마운 일이야.
>
> (후아유, 이항규)

큰 아이가 갑자기 직장을 그만 두었다. 하는 일을 편안해하고 자부심마저 느끼는 모습에 덩달아 기분이 좋았다. 그런데 입사 10개월 동안 근로계약서를 작성하지 못했단다. 몇 차례나 요구했지만 차일피일 미루며 말로 얼버무렸단다. 강남대로 번듯한 직장에서 그런 일이 가능할까 의아했다. CEO가 요구하는 근로계약서를 마다할 직원이 세상에 없을 것이다. 계약서 없이 10개월이나 정상적으로 일을 했다면 반대의 경우가 분명했다. 큰 아이가 정식 계약을 요구하고 주말에 일했던 수당과 구두로 미뤘던 임금을 요구했다. CEO는 한 차례 조기퇴근한 일을 뒤적거리고 인간 됨됨이를 상기시키며 주어야 할 돈을 흥정했다. 큰 아이는 일을 그만두고 여행을 떠났다. 어떻게 마무리 되었는지 알지 못한다.

영화 〈카트〉는 비정규직 엄마와 편의점 알바를 하는 아들이 겪는 일상을 보여준다. 아들이 알바에 대한 대가를 요구하자 편의점 주인은 이런저런 핑계를 나열하면서 약속한 알바비를 주지 않는다. 유통기한 지난 편의점 음식은 먹어도 좋다고 애기했음에도, 폐기처분되었을 음식들 비용과 자잘한 일들을 들먹이며 딴청을 부린다. 아들을 따라온 여자 친구가 편의점 주인이 하는 인간이하의 짓거리를 참지 못하고 편의점 유리창을 깨버린다. 편의점 주인은 아들 같고 조카 같다고 정답게 대하던 고딩 알바생을 파출소로 끌고 간다.

셋넷의 청소년들이 남한에서 처음 했던 일이 알바였다. 아이들에게 알바는 쉬운 일이었다. 어릴 적 고향에서 하던 일이 고된 노동이었다. 생존하기 위해 온몸을 써야 했던 탈북과정 경험으로 일은 부담되지 않았다. 꾀를 부릴 필요도 없었다. 적당히 하는 요령도 알지 못했다. 북조선 출신 청소년들이 안쓰러워 같은 민족의 온정으로 고용했던 사장들은, 그들의 미숙함과 어설픔과 상냥하지 않았던 태도들을 트집 잡아 제대로 된 임금을 주지 않았다.

편의점 주인은 기고만장하며 손해배상을 요구한다. 경찰은 제대로 주지 않은 알바비와 편의점 파손비를 상기시키며 원만하게 해결하라고 중재한다. 엄마는 곧 정규직이 된다는 회사의 약속을 믿고 열심히 일하다 내쫓긴다. 비정규직 엄마는 아들에게 폭력을 행사하고 정상적인 대가를 지불하지 않는 편의점 주인에게 따진다. 일을 부리고 왜 월급을 주지 않느냐, 묵묵히 일만 하니까 쉬워 보이냐고.

꿈을 품고 일을 했던 북조선 이방인 청소년들은 인간 이하 사장들이 하는 짓거리에 대항할 인간 이상의 궁리를 갖추지 못했다. 속수무책으로 당해야 했다. 결국 노동의 대가를 떼일 수밖에 없었다. 상심한 큰 아이에게 미안했다. 아무 것도 도울 수 없는 아빠는 무기력했다.

1년이 되도록 쓰지 못한 근로계약서 문제로 직장을 그만둔 큰 아이와, 일에 대한 정당한 대가를 받지 못한 알바생 고딩 아들과, 자본주의 세상에서 처음 일을 하다 임금을 받지 못했던 이방인 청소년들은 우리에게 어떤 존재인가. 장차 대한민국을 감당할 꿈나무들이 고분고분 시키는 일을 하니까 만만해 보이는가.

늙어가는 나라의 존망을 짊어진 희망의 세대들이 묵묵히 일만 하니까 그리도 쉬워 보이는가.

근로계약서 안 쓰려고 머리 굴리는 CEO들과, 얼마 되지도 않는 알바비 떼먹는 편의점 주인들과, 탈북 아이들 등 처먹는 인간 이하 사장들에게 묻고 싶다. 너희들은 태어나자마자 CEO가 되고, 편의점 주인이 되고, 사장이 되었니? 너희들은 꿈과 행복을 설계하던 치열하던 20대 젊은 시절 없이 건너뛰었니?

가족의 나라
이념과 가족

세상 모든 가족의 이름으로 용서하지 말자

오빠가 왔다. 열여섯 살 나이로 어쩔 수 없이 떠났던 아들이 홀연 돌아왔다. 뇌종양을 치료하기 위해 3개월이라는 시한과 감시원이라는 꼬리표를 달고 26년 만에 가족과 재회한다.

병원 의사가 묻는다. "한국에서 왔다고요?" 엄마가 친절하게 답한다. "아뇨, 조선, 북조선에서 왔답니다. 일본에서 태어나 지금은 평양에 살고 있어요. 그곳에서는 고칠 수 없는 병이라기에 특별배려로 잠시 나왔지요." 만남의 기쁨도 잠시, 어색한 가족 식사 자리에서 여동생은 빈정거린다. 지상낙원에서 영양실조가 웬 말이냐고. 집 앞 골목에서 줄담배를 피우며 감시하는 북조선 동무를 참을 수 없다며 거칠게 내뱉는다. 이념이 대체 뭐라고 가족을 이렇게 망가뜨려놓느냐며 울분을 토한다. "절대 용서 못해."

"내가 평양에 가지 않으면 아버지에게 해害가 되겠죠?" 까까머리 중학생 아들은 북송선을 타고 위대한 영도자가 건설한 지상낙원으로 떠났다. 성인이 된 그가 가족이 볼모로 살고 있는 북조선을 회상한다. "그곳에서는 어떤 생각도 해서는 안 돼. 사고思考를 정지하고 오직 어떻게 살아남을 것인가만 생각해야 해." 여동생에게 다짐한다. "너는 가고 싶은 곳에 꼭 가라. 누구의 간섭도 받지 말고 자유롭게 살아라, 너의 삶이니까."

온 지 며칠 만에 갑자기 소환 명령을 받고 유령처럼 돌아갈 채비를 하는 아들을 위해 엄마는 돼지저금통을 비운다. 아들을 감시하러 온 북조선 동무에게 양복과 가족 선물을 사주며 간곡한 엄마의 편지를 남긴다. "부디, 제 아들을 잘 봐주세요." 아들은 어릴 적 친구들과 함께 불렀던 노래를 중얼거리며 다시는 돌아오지 못할 길을 떠난다. 16년 동안 익숙했던 호수와 길과 집들은 그의 눈빛처럼 휑하니 비어있다.

일제 식민지 시절 강제로 일본에 끌려가 착취당했던 조선 사람들이 일본의 패망으로 버려졌다. 남한과 일본 정부에 의해 공식 비공식으로 버려졌다. 북조선은 1959년부터 20년간 버림받고 차별받는 조총련계 재일교포들을 지상낙원 조국의 품으로 오라고 선전했다. 이른바 '북송사업'. 일본 정부는 북조선과 협정을 맺고 북송된 재일교포들이 다시는 돌아올 수 없도록 선택권을 박탈했다. 귀국사업으로 포장된 사상 최대 유괴사건으로 10만여 명의 재일교포 한국인들이 가족과 생이별 당했다. 고향 땅 조국에서 감금과 다름없는 삶을 살고 있다.

재일교포 감독 양영희의 가족 실화 다큐멘터리 영화다. 슬픔을 넘어 분노에 치를 떤다. 70년 가까이 남한과 북조선과 일본 어디에도 속할 수 없는 사람들에게 나라란 무엇인가? 이념이 대체 뭔 소린가? 세상의 모든 가족의 이름으로 절대 용서할 수 없다.

위플래쉬
배움

배움의 주인이자 세상의 중심은 바로 나다

부처를 만나면 부처를 죽이고

조사를 만나면 조사를 죽이고

아라한을 만나면 아라한을 죽이고

부모를 만나면 부모를 죽이고

친속을 만나면 친속을 죽여라

- 임제록, 임제선사

나 아닌 다른 경계에 동요하지 말라. 온갖 경계가 앞에 오거든 무조건 다 부정하고 끌려가거나 흔들리지 말라. 부처님이나 조사祖師나 아라한이나 그 어떤 권위나 관념들로부터 벗어나라. 인정하지 말라. 깡그리 부정해 버리고 끌려가지 말라. 불조佛祖에 대한 모든 잘못된 관념들을 때려 부수라. (무비스님)

영화 〈위플래쉬〉는 음악영화가 아니다. 스승과 제자가 OK 목장에서 한 판 뜨는 현대판 서부영화다. 문명화된 도시 한복판에서 벌어지는 미국 무협영화 와호장룡이다.

영화는 앳된 젊은이가 미친 듯이 드럼을 연습하는 장면으로 시작해서 미친 듯이 드럼을 연주하는 장면으로 끝난다. 주인공 젊은이는 음악대학에 갓 진학한 드러머다. 그의 방과 연습실에는 전설의 드러머들 사진이 걸려있다. 그의 삶은 온통 최고가 되기 위한 길로 향한다. 그의 길 앞에 폭력적인 카리스마로 무장한 스승이 나타난다. 음대의 상징과도 같은 스승에게 발탁되지만 괴팍하고 독선적인 스승의 교육방식과 폭언과 폭력으로 병들어간다. 결국 재즈 콘서트 경연대회 무대에서 스승의 멱살을 잡고 퇴학당한다. 제자의 증언으로 폭압적인 교육을 하던 스승 또한 학교에서 쫓겨난다.

젊은이는 음악의 길을 접고 평범하게 살다가 어느 날 우연히 재즈카페에서 스승의 피아노 연주를 듣는다. 연주를 마친 스승은 자신의 교육방식이 독선적이었지만 한계를 뛰어넘으라는 메시지를 주고 싶었다고 말한다. "세상에서 가장 멍청하고 쓰잘데

없는 말이 그만하면 잘했다고 격려하는 거야. 자기 안에 안주하는 삶을 경계해야 해."

스승은 자신을 교수직에서 쫓겨나게 한 제자를 파멸시키려고 계략을 세운다. 제자는 콘서트 오프닝 무대에서 예정에도 없고 악보도 없는 연주곡을 느닷없이 주문하는 스승 때문에 웃음거리가 된다. 스승의 비웃음과 모멸감으로 쫓기듯이 무대를 퇴장하던 제자가 돌연 무대로 돌아와 드럼을 연주한다.

제자의 연주가 공연장을 숨 막히게 한다. 싸늘하던 스승마저 연주에 빠져든다. 제자의 광기 서린 연주는 최고가 되려는 외나무다리 인생길에서 스승을 만나 스승을 죽인다. 마침내 자신의 한계를 넘어선다. 스승의 독선적 권위와 비틀린 소통을 때려 부수는 21세기 영화의 마지막 드럼 연주가, 질문 사라진 19세기 대한大韓의 학교와, 생기를 잃어버린 20세기 민국民國의 교실을 일깨운다. 자신의 경계를 넘어 연주하던 제자가 스승에게 외친다. "내가 연주 시작 사인을 주겠어요." 마침내 그가 부처를 넘어선다.

고령화 가족
가족

꽃 음식 다툼 여행 사진.. 가족의 또 다른 이름

미처 알지 못했던 몸 안의 죽음을 확인하러 병원으로 향하던 봄날이었다. "상영아, 저 꽃 봐라. 너무 이쁘지 않니?" 당신은 봄날 꽃들처럼 환하게 떠났다. 당신이 만들어주시던 닭요리와 삽겹살은 가족의 전부다. 가족의 이유고 가족의 온기다. 주말이면 엄마가 빚어낸 온갖 음식들로 흩어졌던 나와 동생 가족은 다시 한 가족이 되곤 했다. 향기로운 음식을 나누며 이념논쟁이 오갔다. 구깃구깃 숨겼던 부부싸움이 이어지고 해묵은 전통에 대한 주장들로 번지곤 했다. 가족의 소소한 다툼은 엄마가 손수 마련한 음식들로 쉽게 화해되고 순하게 용서를 나누곤 했다.

꽃 엄마는 집 담벼락 비탈에 위태롭게 핀 꽃을 보고 힘겹게 사는 아들에게 전화한다. "니가 좋아하는 닭죽 끓여놨으니 와서 먹어라." 엄마의 전화는 세상을 등지고 자살하려던 아들을 살린다. 엄마의 집은 감방을 드나드는 배 다른 백수 아들과, 개봉되지 않을 영화를 꿈꾸는 아들과, 수녀처럼 혼자 살겠다며 남자들이 끊이지 않는 딸과, 딸을 빼닮은 싹수 노란 외손녀가 벌이는 좌충우돌 싸움으로 날마다 어지럽다.

음식과 다툼 쥐똥만큼의 온기도 느낄 수 없는 가족은 어미가 차려놓은 음식을 맛나게 먹는다. 비가 개면 나타나는 무지개처럼 각자의 이기심과 욕망을 드러내고 쉼 없이 으르렁댄다. 보잘 것없고, 가진 것 없고, 내세울 것 하나 없는 가족을 향해 무례함을 쏟는다. 어미는 음식을 장만하여 애써 가족을 기억하게 한다. 어미의 음식을 먹으며 세상으로부터 버림받은 서러움들을 가족에게 되돌린다.

여행과 사진 그들은 비좁은 경차에서 서로를 하잘 것 없이 여기며 시끄러운 여행을 떠난다. 허접한 일상을 잠시 감춘 그곳에서 사진 한 컷으로 가족의 행복한 느낌을 남긴다. 바닷가 식당에서 다시 먹고 또다시 격렬하고도 장엄한 다툼을 시작한다.
꽃이 피고 음식을 장만하고 틈틈이 다투고 화해의 여행을 떠난다. 다시 먹고 으레 당연한 듯이 싸우고 잠시 기념사진을 찍는다. 다시 찬란한 꽃이 핀다. 가족은 그렇게 낡아가는 서로의 모습을 확인한다.

올봄 다시 꽃이 피고 봄밤 뒤척이며 진다. 겨울을 이겨낸 아기 고양이가 마당을 기웃거리는 능청스러운 봄날이다. 삼겹살 굽고 한판 욕지거리하며 가족사진도 한 장 찍고 싶은데… 다들 어디 갔을까?

내가 죽기 전에 가장 듣고 싶은 말
관계

당신 삶의 와일드카드는 무엇인가

'비아냥은 어리석은 자들의 유머고, 거만함은 무례한 자들의 개그'라고 영화는 전한다. 당신의 삶은 유머를 하는가, 개그를 즐기는가. 그걸 확인하고 싶다면 이 영화를 보라. 생의 뒤안길에서 당신이 살아온 동안 뭘 가까이했는지 궁금하다면, 가족과 동료와 우연히 삶에 영향을 끼치게 되었던 어떤 누군가에게 물어보라고 영화는 권한다.

유머와 개그를 어떻게 구분할 수 있을까. 누구나 살면서 위험에 맞서게 된다. 자신에게 닥친 위험을 알아차리고 자기 방식으로 대응한다. 유머와 개그는 사는 동안 느닷없이 닥쳐오는 위기와 선택 앞에서 스스로를 방어하기 위한 삶의 방편으로 늘 가까이에서 동거한다.

생을 살며 위험이 없다면 그 사람의 미래는 평범한가. 죽음을 가까이에서 느끼는 주인공 할머니는 위험을 극복하는 과정이 인생이라고 회상하며 자신이 통과해온 삶의 위험들을 들려준다. 하찮은 여자 신분으로 대학에 진학한 것이 그녀의 '위험'이었다. 공부하는 여자와는 결혼하지 않는다는 동시대 남자들의 편견이 견딜 수 없었던 '위험'이었다. 일하는 여자와 결혼할 수 없다는 낡은 '위험', 여자 상사와는 결혼할 수 없다는 확고한 '위험'들로 가득 찬 세상에 맞섰던 것이 자신의 삶이었다고 돌아본다.

그녀는 세상 모든 남자들의 어머니와 아내와 딸들을 옴짝달싹 못하게 만든 '위험'들에 굴복하지 않고 결연히 맞섰다. 덕분에 까칠하고 평판 나쁜 여자가 되었고, 죽음을 앞둔 그녀 주변에는 아무도 없었다. 가족과 동료와 우연히 인연을 맺었던 누군가조차 그녀를 멀리하고 꺼려했다. 그녀는 자신과 세상의 엄마와 딸들을 노예처럼 만들었던 남성 지배권력의 '위험'을 거부했던 평범한 사람이었다.

그녀에게 결혼은 '위험을 만들고 퍼뜨리는 사람의 하인으로 평생을 사는' 타협이었다. 타협의 정직한 의미란 '결혼이라는 관습으로 얽힌 두 사람 모두 괴롭다.'는 뜻이었다. 그녀에게 자신을 자기답게 지키고 당당하게 드러내는 좋은 날은 살아남기 위해 자신을 저버리는 날일 수 없었다. 나이스 데이는 의미 있는 날, 새롭고 생기 넘치는 날이어야 했다. 날마다 진실하고 솔직한 날이라야 했다. 당신의 나이스 데이는 어떤 날인가. 보스를 위해 쩔어 사는 무색무취의 날인가. 나의 좋은 오늘은 어떤 날인가. 가족을 위해 맹목적으로 희생하는 재미없는 날인가.

그녀가 던진 말에 뒤척인다. '당신이 실수를 만드는 게 아니다. 실수가 당신을 만든다. 실수는 당신을 더 강하고 자립적으로 만든다. 그러니 스스로에게 맞서길 바랄 뿐. 한 순간도 놓지 말고 나만의 삶을 찾아 살아가라. 주저와 망설임과 두려움 너머.'

디태치먼트(DETACHMENT)
교사

무뎌지지 말자 무뎌지면 지는 거야

나는 교사다. 생각지 못했던 삶이 내게로 왔다. 어쩌다 보니 교사가 되었다. 영화 디태치먼트는 교사들 이야기다. 어쩌다 가르치는 이가 되어버린 사람들의 교실 이야기다. 어떤 이들은 교사라는 업에 대해 험한 욕을 해댄다. 이떤 이들은 스스로 거룩함에 젖어든다. 주인공은 '한 달짜리 임시교사'다. 정규직 교사는 아니지만 세상의 모든 교사는 믿음을 지닌 사람이라고 생각한다. 생의 과정을 통과하는 불완전한 아이들을 인도하며 바른 길로 이끄는 가이드가 교사라고 믿는다.

상처 받은 아이들은 교사들을 용납하지 않고 비웃는다. 폭력적이고 야만적인 부모들이 아이들 상처를 덧나게 한다. 따뜻한 체온으로 치료받지 못하고 아파하는 아이들은 학교에 갇혀 서서히 미쳐간다. 위로받지 못한 상처들로 서로를 미워하는 아이들을 지켜보는 교사들도 서서히 무뎌진다. 제발 자기 이야기를 들어달라는 아이들의 애타는 눈빛을 외면한다.

변화될 것을 믿고 교실을 지키던 임시교사는 자신의 믿음은 실패라고 쓸쓸하게 고백한다. 실패는 아이들로부터 비롯된 것이 아니다. 임시교사의 엄마는 아버지로부터 버림받고 불행하게 생을 마감했다. 어린 시절 아픈 기억이 남긴 흉터와 옹이에 갇혀 그가 지켜온 신념이 점차 무뎌진다. 무관심으로 세상을 비워버린다. 텅 빈 버스, 텅 빈 거리, 텅 비어 가는 교실에서 세상 모든 아이들에게 책을 읽어준다.

흉터라고 부르지 마라
한때는 이것도 꽃이었으니
비록 빨리 피었다 졌을지라도
상처라고 부르지 마라
한때는 눈부시게 꽃물을 밀어 올렸으니
비록 눈물로 졌을지라도

옹이라고 부르지 마라

가장 단단한 부분이라고

한때는 이것도 여리디여렸으니

다만 열정이 지나쳐 단 한 번 상처로

다시는 피어나지 못했으니

- 옹이, 류시화

인디언들은 누구나 자신들 일생을 인도하는 길잡이 늑대가 있다고 한다. 셋넷학교 길잡이 교사인 내 믿음은 실패하지 않았다. 제각기 감성의 온도들로 장마당처럼 시끌벅적했던 아이들이 떠난 자리는 넓고 깊게 남아있다. 우린 모두 흉터라 부르는 눈물의 상처들을 품고 살아간다. 왜 배우는가. '죽도록 일하다가 죽을 우리들이, 스스로를 보호하고 무뎌지는 것에 대항해서 싸우기 위하여 배우는 것'이라고 임시교사는 답한다. 그래, 무뎌지면 안 된다. 무뎌지면 지는 거다. 비록 우리 사랑이 불확실하고 믿음이 혼란스러울지라도 스스로에게 무뎌지지 말아야 한다. 교사는 아이들 마음의 밭을 지켜주기 위해 자신의 감수성을 늘 살펴야 한다.

흉터와 옹이로 무장한 세상과 매일매일 맞서는 셋넷 친구들에게 길잡이 늑대가 될 수 있을까. 일터와 가족에게서 위로받지 못했던 상처들이 품고 있을 위대했던 지난날들을 다정하게 돌보며 건투를 빌어 주리라. 불확실한 사랑과 혼돈의 믿음이 교차하는 시대지만 그럼에도 불구하고 유쾌하게 잔을 건네리라.

택시 운전사
부끄러움

나는 공수부대 장교였다

천하제일 1공수 특전여단 3대대. 나는 거기 있었다. 동시대 젊은이들보다 쓸모 있는 골격과 짐승 같은 체력 덕분이었다. 핏빛 하나 없는 푸른 하늘을 가르고 낙하산을 타면서 가문과 수놈의 영광을 새삼 기억해야 했다. 최고의 훈련을 견뎌야 한다는 수상한 소문에 난생처음 쫄았다. 다행히 밤이건 낮이건 산속을 걷는데 별 어려움이 없었다. 보이는 건 닥치는 대로 맞추는 사격술에 나 자신도 놀랐다. 선택할 수 없었던 장교생활은 쌩뽐 잡는 공수 하사관들을 조롱할 정도로 그럭저럭 여유로울 수 있었다.

1987년 어느 날, 늙은 중사들이 술 취한 혓바닥으로 1980년 광주를 떠벌렸다. 그 누구도 기억하기를 끼리던 그곳, 그 사람들을 아프리카 동물 사냥하는 사파리 여행을 추억하듯 떠들어댔다. 그들은 정상적인 사람들이었다. 부인과 애들을 사랑하는 인간적인 특수부대 요원들이었다. 광주투입 작전 이야기를 듣기 전까지 그들과 태연히 술을 마시고 험난한 훈련을 하며 동지애를 돈독히 했다.

영화 속 택시 운전수가 나를 이끌고 간 광주에 전우애를 나누던 김중사, 박중사가 신나게 인간 사냥질을 하고 있었다. 군인으로서 명령을 성실하게 수행했을 뿐이라고 했지만 1980년 5월 최중사 이중사 권중사는 신이 나 있었다. 왜 그랬을까? 그들은 대한민국 최고의 전사였고 특등 사수들이었다. 그들은 누구보다 정확하게 목표물을 선별하는 특수훈련을 수 없이 거쳤다.

태극기와 주먹밥을 들고 있던 사람들은 무장한 군인들이 아니었다. 고향마을 가족이나 친구를 떠올릴 법한 선량한 사람들이었다. 한 번 눈길만으로 판단해도 광주 거리를 메웠던 사람들은 특수 훈련을 받은 무시무시한 빨갱이들이 아니었다. 나약한 일개 시민들이었다. 휴가 때 술집에서 술잔을 나누던 순박한 사람들이었다.

왜 그랬을까? 캄캄한 밤 야간사격에서도 70% 명중률을 자랑하던 전사들이었다. 왜 보잘것없는 사람들에게 무자비하게 총질을 하고 몽둥이질 하면서 사람의 거리를 피로 물들게 했을까? 얼룩무늬 화려한 군복을 입고 총과 몽둥이로 남녀노소를 무자비하게 살육하고 있었다. 영문도 모른 채 쫓기던 남녀들, 부상당해 피 흘리던 사람들, 다친 사람들을 구하려고 애타게 달려들던 사람들조차 모조리 사냥감이 되었다. 부상자들을 구하려고 용기 있게 걸어 나오던 하얀 깃발은 천하제일 전사들의 사격 신호가 되어 검붉게 물들었다. 안 되면 되게 하라는 특전부대 용사들은 악마의 화신이 되어 있었다. 신의 장난질이라면 참으로 잔인하고, 실수라면 전능한 신이라 할 수 없는 처참한 잘못이었다.

술 취한 대학생을 안전하게 태워주고 공부하라고 꾸중하는 영화 속 택시 운전사의 이기적인 감성으로 야만의 시절을 돌아본다. 피비린내 가득한 광주 거리를 뒤로한 채 택시비를 챙기던 택시 운전사의 비겁한 감성으로 천하제일 공수부대 시절을 떠올린다. 태극기 휘날리며 애국가를 부르다가 자기네 나라 군인들 총에 스러져간 애틋한 삶들을 부끄럼으로 우러른다.

인어공주
사랑과 결혼

설렘은 오간데 없고 전부였던 세상 사라져
우리 사랑 초라해졌네

인어공주였던 소녀의 바다는 사라졌다. 파도소리 잊혀진지 오래다. 중년이 된 그녀는 동네 목욕탕에서 때를 민다. 바위 틈 숨어있는 전복 대신 동네 사람들 때가 둥둥 떠다니는 탕 속에 옛 사랑은 온데간데없다. 그녀는 욕 잘하고, 침 잘 뱉고, 구운 계란 하나 값 더 받기 위해 머리끄덩이를 잡는다. 미끈한 우편배달부를 만나기 위해 어린 동생에게 편지를 쓰게 했던 그녀는 어디 있는가. 홀로 동생을 키우고 육지의 밭과 바다의 밭을 오가며 씩씩하던 인어공주는 어디 갔는가.

인어공주를 사로잡았던 그녀의 왕자님은 착한 우편배달부였다. 문맹인 인어공주를 위해 책과 노트를 장만해서 그녀의 어둠을 환하게 밝혀주었다. 그랬던 그가 친구의 빚보증을 서서 가족의 미래를 날렸다. 유령처럼 한구석에서 줄담배를 피우다 한때 인어공주였던 그녀에게서 욕지거리를 듣는다. 우편물을 분류하는 우체국 한 켠에 병든 몸을 감추고 낡은 티비 코미디로 위로받는다. 인어공주를 사로잡던 착한 우편배달부는 어디 있는가.

간만에 만난 셋넷 졸업생 부부의 삶이 위태롭다. 살아보니 사는 게 아니라 살아지는 거더라. 뜨겁던 사랑이 지나가면 봄 부추 자라듯 피어나는 자식들 지켜보며 눈물겹게 살아지는 거더라. 그대가 사랑에 빠졌던 아이들 엄마는 자유롭게 살던 인어공주였다. 그대가 간절하게 매달렸던 인어공주가 그녀였다는 걸 아는가. 그녀의 모든 걸 미치도록 좋아했다는 것을 기억하는가.

그녀에게도 그대가 고민하는 가족에 대한 책임과 미래에 대한 소망이 있다. 그대 홀로 가족의 무거운 짐을 짊어지려 하지 마라. 서울대와 돈을 부적처럼 여기며 남편과 자식을 다그쳤던 내 어미도 한때 눈부신 인어공주였다. 주변 사람과 이웃에게 베푸는 손이 바다처럼 깊던 인어공주였다. 생명의 바다를 거침없이 누비던 인어공주들에게 내 아비도 빠졌고 너도 홀딱 반했던 거다.

인어공주 시절 그녀가 잘 생긴 우편배달부 왕자님에게 부치지 못했던 편지가 있단다, 힘겹게 살아가는 지금, 가족의 미래를 믿음으로 나눠지고 서로에게 이 편지를 가끔씩 띄우면 어떻겠니. '만이(인어공주가 처음 글을 배울 때 심정처럼) 보고 싶습니다. 나의 사랑 인어공주여!' '만이 사랑합니다. 천사가 보내준 우편배달부여!'

사랑을 얘기할 때 늦었다는 말은 없다.
- 영화 [레터스 투 줄리엣] -

파이브피트
스킨십

오늘 하루, 우리 삶과 사랑은 얼마나 간절했는지

　보험광고들이 넘쳐난다. 내가 자라던 시절에는 보험이라는 안전장치 없이 잘 지냈다. 병들거나 죽음을 맞이하면 하늘의 뜻으로 받아들이고 순리대로 살았다. 이 시대는 삶의 질이나 성장환경, 의료시스템이 비교할 수 없을 정도로 나아졌지만 겪어 된 상황을 못 견딘다. 죽음을 적대시하는 두려움이 일상화되었다. '이 녀석 대학 갈 때까지 별 탈 없어야 할 텐데.' 아득하고 막막한 심리를 광고가 집요하게 파고든다. 위태로운 현재를 볼모 삼아 보험을 위한 삶을 살아가고 있다 해도 과언이 아니다. 분명 살만해졌는데 그만큼 두려움이 커지는 세상이라니, 참 이상한 현상이다.

　남겨진 생의 시간이 모호하고 살아남을 희망이 없다면 어찌해야 하나. 어린 시절부터 병원을 집처럼 살아온 남녀가 있다.

소년은 이제 막 열여덟 살이 되었다. 소녀는 그보다 한두 살 어리다. 둘 다 병명이 어지럽고 난해한 병에 걸렸다. 전염 때문에 사람들과 6피트 거리를 두고 엄격한 격리생활을 한다. 소년의 병은 치료제가 없어 임상실험 중이다. 소녀는 폐 이식을 받아야 삶을 연장할 수 있다. 꽃다운 청춘들의 삶에는 답이 없고 두 사람은 절박한 사랑에 빠진다.

죽어가는 그들의 사랑 사이에는 6피트 거리가 있다. 견고한 병원 유리가 두 사람을 가로막고 있다. 엄한 간호사의 감시가 사랑을 머뭇거리게 한다. 소녀와 소년은 사랑의 이름으로 1피트를 훔쳐서 간절한 사랑의 거리를 '파이브피트'로 만든다. 그럼에도 그들 만남은 당구 큐대의 양 끝을 잡고 서로를 바라볼 뿐이다. 난생처음 도시 불빛을 보고 싶다는 소녀의 바람으로 병원을 무단이탈한다. 소녀에게 이식될 폐가 준비되었다는 소식으로 그들의 가난한 사랑은 헝클어진다. 고작 5년 연장될 시한부 인생일 뿐이라며 소녀는 이식 수술을 거부한다. 소년은 우리에게 5년이란 삶의 전부라고 소녀를 설득하여 수술을 받게 한다.

행복할 때 하나가 되게 하고, 힘들 때 용기를 주고, 공기처럼 우리에게 늘 필요한 것이 무엇일까? 내 아이의 미래를 위해 힘겹게 보험료를 내고 있지만 정작 뜨겁게 안아준 기억이 가물거린다면, 이 영화를 보고 꼭 껴안아 주라. 낡은 사랑으로 별 감동 없는 부부생활을 보내고 있다면, 이 영화를 보고 무작정 포옹하라. 그이를 정답게 사랑하라. 지금 간절하게 살지 않는다면 5개월 뒤에는 소중한 사람들을 사랑하지 못하리라. 지금 '파이브피트'의 거리를 당장 걷어내지 못한다면 5년 뒤에는 내 사랑을 영영 기억하지 못하리라. 행복을 나누고, 용기를 건네고, 구겨진 삶을 희망으로 숨 쉬게 하는 것은 스킨십, 휴먼 터치다. 우리 사랑할 시간이 많지 않다.

버닝
자존自存과 자존自尊

두껍아 두껍아 헌 집 줄게 새집 다오!

무엇보다 그걸 용서할 수 없다.
60억이나 되는 인간들이 자신이 왜 사는지 아무도 모르는 채 살아간다. 그걸 용서할 수가 없다.
– 〈핑퐁〉 박민규 –

아프리카 부시맨 부족에는 두 종류 사람들이 있단다.
물질적 결핍으로 절망하며 배고파하는 '리틀 헝거'와, 삶의 의미에 굶주려 고민하고 절규하는 '그레이트 헝거'. 해가 질 무렵이면 리틀 헝거들이 낮고 느리게 춤을 춘다. 밤이 깊어지면 빈 두 손들을 하늘을 향해 간절히 들어 올린다. 리틀 헝거는 그레이트 헝거로 승화한다.

한국에는 세 종류 젊은이들이 있다.

'나'는 볼품없고 지저분한 비닐하우스가 사방에 깔려있는 서울 변두리 마을 파주에 어쩔 수 없이 머물고 있다. 그 곳은 대남방송으로 밤낮없이 시끄럽고 소똥 냄새로 가득하다. 엄마는 어릴 적 떠났고 고집불통 아빠는 옥살이를 하고 있다. 문예창작을 전공한 '나'는 소설을 쓰면서 배달일로 근근이 버티며 산다.

'나'의 어릴 적 친구 '그녀'는 카드빚에 쫓겨 가족에게서 배제되었다. 길거리에서 춤을 추며 낯선 여행을 꿈꾼다. '그녀'가 사는 곳은 비탈진 옥탑방이다. 눅눅하고 칙칙한 원룸에는 남산타워 유리창에 반사된 한 조각 빛이 아주 잠시 머문다.

'그녀'가 아프리카 여행에서 만난 '그'는 강남 럭셔리한 곳에 산다. 우람한 소리를 내는 외제차를 몰고, 완벽하게 갖춰져 있는 주방에서 신에게 바치는 의식처럼 음식을 만들어 먹는다. '그'는 아무렇지도 않게 대마초를 피면서 밤마다 예의 바른 사람들과 우아한 대화를 나누고 화사한 파티를 연다.

'나'가 삶의 무게를 버티는 파주는 분단의 공포가 일상화되면서 세상에서 소외된다. 텅 빈 축사, 비쩍 마른 암송아지 한 마리와 흩어진 가족, 응답 없는 전화, 잠자리는 낡은 소파가 고작이다. '그녀'는 잠깐씩 머무는 옥탑방에서 '나'와 사랑을 나누지만 꿈과 희망에 닿지 못한다. 쓸쓸하게 남겨진 '나'는 남산타워를 등지고 자위행위를 한다. '그녀'는 '나'가 그리워하는 기억 속 온전한 과거일 뿐이다. '그'는 형식적이고 텅 빈 관계에서 끝없이 하품을 하고 일상을 지겨워한다. 만나는 여자들이 지겨워질 때면 쓸모없는 비닐하우스를 태우듯 느낌 없이 버린다. '그'는 '나'가 욕망하는 꿈속 불안전한 미래다.

'뭘 하는지 모르겠지만 그저 잘 사는 수수께끼 같은 인간들이 너무나도 많은 이상한 나라 대한민국'에 사는 세 명의 젊은이는, 서로를 연민하고 그만큼 혐오한다. 서로 겉돌 뿐 따뜻하게 소통하지 못한다.

'나'는 갑자기 사라진 '그녀'의 행방을 쫓는다. '나'는 '그'가 두 달에 한 번씩 태운다는 볼품없는 비닐하우스가 '그녀'였음을 깨닫고 새벽 파주 벌판에서 '그'를 태운다. '그녀'와 '그'와의 미련을 떨치듯 벌거벗은 몸으로 떠난다.

'나'가 태운 것은 젊은 날의 비루함이다. '나'가 태운 것은 젊은 날의 욕망이다. '나'가 태운 것은 우리 기쁜 젊은 날의 어제와 내일이다. '나'는 비로소 텅 빈 오늘 여기를 겸허하게 받아들인다. '

'나'는 더 이상 헛된 욕망으로 오염된 세상에 노예처럼 갇히지 않는다. 노예처럼 얽매여 있던 '리틀 헝거'를 떨친다. '그레이트 헝거'의 위대한 여정을 시작한다.

    욕망 뒤얽힌 이 시장 속에서
    온몸으로 현실과 부딪치면서
    관계마다 새롭게 피워내는
    저 눈물나는 꽃들 꽃들 꽃들
    - 회향, 박노해 -

뷰티플 데이즈 & 상류사회
운명과 욕망

상류사회에 뷰티플 데이즈는 없다

2017년 한국, 두 여자의 모진 삶 사이로 한강이 흐른다.

위대한 장군님이 하사한 가난에 팔려간 북조선 여자는 중국의 변방 어둡고 더욱 두터운 가난 속에 되팔린다. 몸을 팔고 마약을 운반하던 그녀는 천신만고 끝에 남조선 국민이 된다. 잘 먹고 잘 사는 한국이 그녀에게 선사해 준 것은 세련된 술집과 덜 상스러운 수컷이다. 흐릿한 일상에서 기억 없는 하루살이를 살던 그녀에게 낯선 사내아이가 운명처럼 나타난다.

한강 건너편 사는 세련된 여자는 미술관 부관장이다. 그녀 삶은 숨 막히도록 위태롭다. 부정한 돈을 지혜롭게 세탁해주며 영혼을 판다. 관장이 되기 위해 주저 없이 몸과 마음을 내준다. 대중의 인기를 끌던 대학교수 남편을 타락한 정치꾼으로 만들기에 여념이 없다. 더 높은 곳을 향한 욕망으로 대담하게 취해가던 그녀에게 옛 애인이 파리에서 날아든다.

낯선 사내아이는 중국 변방에서 태어나 자랐다. 아이는 병든 아비가 쥐어준 빛바랜 사진을 품고 무작정 그녀를 찾아와서, 이렇게 살려고 날 버렸냐고 절규한다. 낡은 양말처럼 삶을 지탱하던 그녀가 줄 것이라고는 타다만 삼겹살 몇 점과 싸구려 양복이 전부다.

한강 건너편 그녀는 옛 애인과 살을 섞고 남편의 타락을 외면하며 관장이 되려고 발버둥 치지만 그녀가 욕망하는 상류사회는 비웃고 조롱할 뿐이다. 자신만이 세상에서 가장 부족해서 몸을 팔아서라도 부자가 되어야 하고, 자기만이 이 나라에서 제일 억울하기에 영혼을 팔아서라도 권력을 잡아야만 하는 대한민국 '상류사회'에는 사람이 살지 않는다. 그곳은 지옥의 성대한 잔치집이다. 상류사회 인간들에게 내려진 지옥의 형벌이란, 설렘 없이 먹어야 하고 부끄럼 없이 교미만을 하며 영원히 잠들지 못하는 것이다.

허름한 양복을 입혀 서둘러 떠나보냈던 사내아이가 다 자란 사내가 되어 다시 여자를 찾아왔다. 그 사이 그녀에게는 작은 아이가 생겼다. 사내는 엄마의 새 가족과 밥상을 마주한다. 뜨거운 찌개에 밥에 비벼먹으며 자신을 버린 엄마의 기구한 삶을 용서한다. 산산이 깨져 돌이킬 수 없는 사랑이지만, 초라한 운명의 조각들을 미움 없이 받아들이는 아들과 엄마는 아름답다. 그들이 엮어가는 시간은 이제 막 '뷰티플 데이즈'다.

샤인
사랑의 방식

당신 뜻대로 사랑하지 말고 나 있는 그대로 사랑해 줘요

그가 어릴 적 스스로 바이올린을 장만했지만 아버지는 부서 버렸다. 무너진 꿈과 함께 어느덧 아버지가 된 그가, 아들에게 부서진 자신의 음악을 일방적으로 강요한다. 얼굴에 걸친 안경조차 힘겨워 보이는 아들은 아버지 앞에서 한없이 오그라든다. 어린 아들은 피아노 연주로 이름을 날린다. 아들을 피아노 신동으로 만든 건 아버지 당신의 잃어버린 옛날 옛적 꿈이다.

아버지는 자신의 거세된 꿈으로 아들의 꿈을 단단하게 옭아맨다. 아들이 영국 왕립 음악원으로 유학을 떠나지만 아버지는 놓아주지 않는다. 아들은 음악원 최고 대회에서 아버지의 한 맺힌 연주를 대신하고 혼절한다. 아들의 연주는 끊어진다. 병원에 갇혀 외부 세상과 단절된다. 심하게 말을 더듬거리며 유령처럼 피아노를 찾아 비가 쏟아지는 골목을 헤맨다.

"세상에 나만큼 너를 사랑하는 사람은 없단다." 아버지는 후미진 골목 카페에서 꽁초를 물고 미친 듯이 피아노를 치는 아들에게 되풀이한다. 세상에 나만큼 너를 사랑하는 사람은 없다고 자식에게 고백하는 세상 아버지들이 사랑한 것은, 남들처럼 비슷하게 살아남기 위해 저버린 당신들의 흩어져버린 소망이었다.

아들은 열세 살 연상인 부인의 사랑으로 조금씩 치유된다. 그녀는 그의 자폐증을 고쳐주려 애쓰지 않는다. 타인의 시선에서 자유로운 어린아이처럼 맘껏 뛰놀게 한다. 좋아하는 음악을 연주할 수 있도록 울타리를 쳐 준다. 아들이 사랑하는 음악은 그녀의 사랑 안에서 두려움과 고통 없이 평화롭다. 지상에 구현된 천국은 자신을 있는 그대로 인정해주는 온전한 사랑 속에 드러난다.

아들은 누군가를 위해 연주하지 않는다. 자신을 위해 홍겹게 연주한다. 가족이라는 올가미에 갇힌 청중들에게 연주한다. 권위에 찬 아빠와 욕망으로 물든 엄마에게 한 마디 대꾸도 못하고 머릴 조아리는 아들과 딸들을 향해 물장구치듯 연주한다. 트램펄린에서 파란 하늘로 솟구쳐 오르며 신이 나서 연주한다.

뮤지컬 〈빨래〉
차별

목마를 때 소금을 주고 배부를 때 빵을 주는 서울의 사랑

하늘 아래 달동네 여기저기 빨랫줄이 걸린다. 서울에서 삶의 마지막 승부를 걸기 위해 고향을 떠나온 이방인들은 울분을 삭이며 빨래를 한다. 슬픔을 짜낸 옷들이 바람의 위로를 받으며 살아갈 힘을 얻는다. 뮤지컬 〈빨래〉는 차별받는 사람들의 삶을 노래한다.

5년 전 강릉에서 올라온 스물여덟 살 나영이에게 서울이 선사한 선물은 쪽방과 성추행, 수시로 쏟아지는 무시다. 그녀의 쪽방 건너편 건물 옥상에 살고 있는 몽골청년 솔롱부(무지개라는 뜻)는 불법체류자다. 그가 대한민국에서 꿈꾸던 무지개는 욕설과 폭력과 밀린 봉급으로 일그러져 있다.

물세와 전기세와 화장실세까지 나눠 내야 하는 고달픈 한 지

붕 여러 가족 달동네는 하루도 조용히 지나갈 날이 없다. 가진 것 없는 서툰 꿈들에 의지하며 하루하루를 살아간다. 이들은 틈만 나면 좌절과 설움을 칼날처럼 들이댄다. 비참해진 인생을 지탱해 줄 만만한 대상이 필요하다. 동해바다 바람 타고 온 나영이 들과 광활한 대륙의 바람에 떠밀려온 솔룸부 들이 분풀이 대상이 된다. 그들은 무심하게 빨래를 한다. 빨래를 널고 초라한 사랑을 나눈다.

대형서점에서 15년간 노예처럼 일한 달동네 여점원은 절차 없는 신속한 해고를 당한다. 그녀가 할 수 있는 거라고는 술집에서의 고성방가뿐이다. 부당하게 차별받는 사람들은 살아남기 위해 자신을 사랑하지 말아야 한다. 동료의 억울함을 외면하며 비겁하게 연명해야 한다.

서울의 사랑이란, '목마를 때 소금을 주고 배부를 때 빵을 주는' 것이라고 시인(정호승)은 탄식한다. 고향을 떠난 이들은 서울이 흘리는 소금을 핥고 빵부스러기를 주어먹으며 빨래를 한다. 바람이 다가와 나영이와 솔룸부를 위로한다. 바람은 강릉에서 불어오고, 몽골 초원에서 불어오고, 두만 강가에서 불어온다.

바람이 불어올 때면 차별로 얼룩진 몸과 마음을 빤다. 뜬구름 같은 웃음으로 가난한 삶들을 위로한다. 세상 모든 슬픔을 어루만진다.

여름밤

시동을 끄자. 하루 종일 지지고 볶듯 몰아치는 생존의 몸부림을 멈추고 엄마가 떠주었던 밥 냄새를 기억하자. 눈물 한 방울 없이 울어대는 핸드폰 소리도 끄자. 잔걱정으로 밥상을 차리던 엄마의 기도를 떠올리자. 온갖 거짓으로 채워진 정치 모리배들의 달콤한 소음도 멀리하자. 멍텅구리 TV도 안녕. 잠시나마 우리를 사로잡고 있는 세상의 시동들을 멈추자. 한번뿐인 인생이다. 나만의 삶을 위한 아름다운 비행을 설계하자. 머뭇거리고 주저할 시간이 없다.

글로브
포괄적 차별금지

세상 모든 편견을 향해 소리 질러! 니기미 뻥!

셋넷 아이들과 야구경기를 보러 극장에 갔다. 소리가 끊어져 말까지 잃어버린 장애인 청소년 야구단이 멀쩡한 고교 야구단과 맞붙는다. 도대체 말이 되는 경기인가. 지리멸렬하던 청각장애학교 야구단에 프로야구 스타가 코치로 부임한다. 그는 술버릇 때문에 '먹튀'가 되어 원치 않았던 코치직을 수락한다. 야구부 단원들은 부모들이 마련한 연민의 온실에서 동정에 익숙하고 의존적이다. 코치는 거짓된 세상을 향해 '니기미 뻥'이라고 거침없이 내뱉으며 아이들의 노예근성과 정면으로 대결한다. 세상의 동정과 비웃음으로 비굴해진 아이들을 몰아세운다.

아이들은 마음으로 듣고 가슴으로 소리치는 야구를 깨우친다. 전국대회에서 1승을 하기 위해 도착한 야구장에서 '뻥' 코치는 선언한다. "이 그라운드에 너희들이 숨을 산과 계곡과 바위는 없다. 너희들이 흘린 땀으로 승부해야 한다." 아이들은 상처 입은 가슴들로 단단하게 그물망을 친다. 마지막 순간까지 포기하지 않고 멋지게 패배한다.

낯선 남한에서 어쩔 수 없이 소리를 잃고 일방적으로 말을 닫아야만 했던 셋넷들이 떠올랐다. 셋넷들은 남한사회에 적응하기 위해 어설픈 직구만 던지다 사정없이 두들겨 맞았다. 영화 속 그라운드에 선 저들처럼 더 이상 숨을 가슴이 없다. 변명하고 물러설 고향의 산과 계곡이 없다. 기나긴 여정으로 채워진 눈물들로 멋진 승부를 펼쳐야 한다. 그것이 패배일지라도.

소리와 침묵, 정상과 비정상이 팽팽하게 충돌하는 경기가 이어지는 영화 내내 혼란스러웠다. 정상이란 무엇일까, 장애인은 누구인가. 자신이 하고픈 일들을 온몸으로 절규하며 지켜내는 귀머거리 아이들이 비정상인가. 감동 없는 하루를 연명하며 엄마와 학원강사의 말 잘 듣는 착한 아이들이 정상인가. 충주성심청각장애야구단을 손가락질하고, 셋넷 아이들을 비웃는 세상 사람들을 향해 성난 목소리로 소리친다. "니기미 뻥입니다."

비긴 어게인
노래와 위로

길 잃은 별들이 부르는 노래는 어둠을 밝혀준다

셋넷 아이들은 노래 부르기를 좋아한다. 아침 조회시간은 시간 가는 줄 모르고 온갖 노래들로 채워지곤 했다. 낯선 길에서 밤새 노래하며 어린 시절 집과 가족을 떠나 겪었던 아픔과 슬픔들을 쏟아놓았다. 그때 함께 부르던 노래들이 작은 등불이 되어 외로움을 감싸주었다. 그 노래들로 필리핀 골목 낯선 사람들을 만나고, 베트남 소수민족학교 아이들과 친구가 되었다.

〈비긴 어게인〉은 셋넷이 사랑했던 음악과 노래에 관한 영화다. 주인공 음반 제작자는 운 좋게 빨리 성공했지만 가족으로부터 소외되고 동업했던 친구에게서 버림받는다. 그는 시장의 성공에 안주하지 않는다. 세상에 길들여지지 않은 음악과 노래를 찾아 술에 취해 찾아든 뉴욕 라이브 카페에서 단비 같은 노래를 듣는다. 노래 부르던 여가수는 주류 아티스트로 성공한 애인에게 배신당하고 실의에 빠져있다.

중년의 흐릿한 꿈과 변질된 사랑 때문에 음악을 저버리려는 싱어 송 라이터의 풋풋한 꿈이 음악과 노래로 만난다. 말초적이고 뻔한 육체적 사랑으로 위로받지 않는다. 레고 장난감처럼 위태로운 헐리웃의 유치한 아메리칸드림으로 치유되지 않는다.
거리에서 노래하고, 지하철에서 연주하고, 건물 옥상에서 춤추면서 자본주의 신상품이 되기를 완강하게 거부한다.

느낌 없이 클래식을 연주하던 바이올린 연주자, 애들 발레 반주하며 따분해하던 피아니스트, 골목에서 떼 지어 놀던 애들마저 신이 난다. 자본주의가 유혹하는 풍요로운 시장을 박차고 나선다. 네 사랑과 내 행복을 쫄게 만드는 돈과 명성을 비웃고 서둘러 동네 공원과 거리 광장으로 향한다. 지극히 따분한 일상도 음악 때문에 의미를 갖게 된다는 것을 느낀다. 일상의 평범함도 어느 순간 노래를 통해 아름다운 진주로 변한다는 비밀을 알아차린다.

주인공 두 사람의 꿈과 사랑을 '비긴 어게인' 하게 했던 음악과 노래들이, 막막했고 외로웠던 탈북 아이들에게 살아갈 이유를 주었다. 고단한 일상을 헤쳐 갈 맑은 유머를 주었다. 그런 게 음악이었는데, 셋넷 아이들이 졸업하고 떠난 뒤 나의 기타는 쿨쿨 잠만 잔다. 함께 부르던 노래들은 부재중이다. 주인공 남자의 독백처럼 나이를 먹을수록 아름다운 진주가 잘 보이질 않는다. 익숙하던 길들이 어둠에 잠긴 지 오래되었는데, 대체 별들은 어디 간 거니.

이터널 선샤인
다름

부디 잘 가라 사라질 기억들아

별 볼일 없는 하루가 또다시 시작된다. 남자는 자신의 차에 거친 흠을 낸 이웃에게 따지지도 못할 정도로 소심하다. 억울한 심정에 휩싸여 갑자기 출근길 반대 방향으로 가는 열차를 탄다. 우울한 심정으로 겨울 바다를 서성이다 오렌지색 옷을 입고 현란한 머리 염색을 한 여자를 만난다. 남자는 좋아하는 심정을 드러내지도 못하고 변변히 눈 한 번 맞추지 못하지만, 여자는 거침이 없다. 옷차림은 당당하고 감정표현은 도드라진다.

남자와 여자는 서로 다른 모습에 황급히 빠져든다. 허기진 사랑으로 허우적거린다. 그 사랑도 잠시 뿐 매력적이던 다름이 부담스럽고 당황스럽다. 그들은 원하지 않는 기억을 선별적으로 삭제해주는 회사를 통해 사랑의 기억을 지운다. 서로의 존재를 기억 밖으로 내친다. 남자는 집요한 기억의 경계에서 문득문득 서성거리다 화해를 요청하지만 여자는 무덤덤하다. 곧 다시 서로의 다름들을 거슬려할 것이고 못 견디게 지루해할 거라고 건조하게 말한다.

우리 기쁜 젊은 날들을 채웠던 사랑의 정체는 '나와 다름'이었다. 다름이 신선해서 금방 눈에 띄었다. 다름으로 지리멸렬한 삶이 각성되곤 했다. 출구를 잃어버린 현실을 새롭게 이끌어줄 것만 같아 은밀하게 빠져들었다. 안전한 닮음들 속에서 감동 없이 살다가 오아시스를 만난 것처럼 달콤한 휴식으로 다름을 받아들였다. 다름은 햇살로 다가와 사랑으로 거대한 장막을 치곤 했다.

햇살에 익숙해질 때면 서늘한 그늘을 그리워하듯 다름이 지겨워지는 것일까. 다름들이 주는 피곤함이 반복되고 서서히 지쳐간다. 어쩔 도리가 없다. 사랑이란 게 햇살 같은 거니까 니 마음을 바꿔보라고 영화는 노래한다. '애달파하지 마. 기도만 허락될 뿐이라잖아. 그러니 소망은 편하게 내려놓으라고.'

잘 가라 사랑아, 사라지는 다름들. 따뜻한 기억들아!

춤추는 숲
공동체

사람들 사이에 숲이 있다 그 숲에 가고 싶다

문득문득 지난 시절들을 돌아보게 된다. 몸도 예전 같지 않다. 흰머리도 언뜻 보이고 술 마시면 비틀거린다. 괜시리 서럽고 작은 사소함에도 노여움을 탄다. 아차 싶은데 시간은 나를 앞질러 저만치 제 멋대로 달아난다. 보고 싶고 그리운 이들이 자주 떠올라 이유 모를 서러움에 젖어들곤 한다.

되돌아보는 삶의 기억들은, 돈의 그물망을 뚫고 사람의 마을을 찾아 헤맨 여행길이었다. 관계의 섬들 속에서 대안의 이상향을 궁리했던 몸부림이었다. 살다보면 자신이 원하지 않던 뜻밖의 운명으로 이끌린다. 운명이 인도하는 사람의 마을일지라도 길을 찾고 마을을 짓는 일은 고단하다. 그럴 때 위로받고 서로 보듬어 주는 자기만의 숨겨진 숲을 찾게 된다.

1991년, 일용할 양식을 위해 택해야만 했던 세속의 직업에서 가까스로 탈출했다. 따또 난나 똘배 셋넷 학교들이 나의 숲이었다. 그 숲들이 대책 없는 용기를 주었다. 자본주의 시장 밖에서 세우려 했던 꿈에 믿음을 심어주었다. 재충전과 쉼을 허락하던 나의 숲이었다. 숲들을 가꾸면서 빛으로 가득 찬 멋진 사람들을 만났다. 자유로운 영혼들과 꿈을 나누며 유혹으로 가득 찬 삶들을 견딜 수 있었다.

영화 속 성미산 마을 사람들에게 도시 속 외딴섬 성미산 숲이 바로 그런 존재가 아닐까. 메마른 도시에서 착한 마을을 꾸리고 공동체를 엮어가던 이들에게 개발의 유령이 도적처럼 덮친다. 어쩔 수 없이 미친 고래와의 싸움을 시작한다. 도시화와 현대화 명분에 갇혀 초라해진 성미 동산은 예정된 패배의 수순을 받아들여야만 했다.

홍익재단이 사학의 이름으로 벌어들인 돈으로 성미산에 학교를 짓겠다며 꼼수를 부린다. 서울시의 허가를 따내고 무작정 불도저와 엔진 톱을 들이댄다. 성미산 공동체 사람들은 한 사람씩 나무에 매달린다. 교대로 숲을 지켜보지만 이들의 간절함은 외면당한다. 속수무책으로 숲이 무너진다. 150일간의 싸움은 법원 판결로 마무리된다. 생명으로 그득했던 성미산 자락이 허물어진다. 성미산 공동체 아이가 뿌리를 드러낸 나무 한 그루에 흙을 뿌린다. 인간의 탐욕을 사죄하는 고해성사 의식이다.

"생명에는 주인이 없잖아요?" 그들의 패배는 이상하게 슬프지 않다. 풀빛 같은 성미산 공동체 아이들과, 동물농장 별명을 지닌 부모들과, 동네 노인들이 뒤섞여, 웃고 수다 떨고 손뼉 치며 명랑하게 노래한다. 성미산 숲의 합창이 마포의 하늘 길을 뚫고 지구의 숲들로 향한다. 비틀즈의 노래 [렛잇비]를 개사한 유쾌한 노랫말이 그물망처럼 이어진 숲길을 따라 슬픔 없이 행진한다. '좋은 말로 할 때 냅 도유!' 숲이 춤춘다. 그 숲에 가고 싶다.

님은 먼 곳에
아버지

집으로 가는 길

아버지는 직업군인이었다. 아버지가 최전방 수색 임무를 하던 중 한국전쟁 때 설치되었던 부비 트랩에 걸렸다. 나는 엄마 뱃속에서 사경을 헤매던 아버지를 처음 만났다. 군 헬기로 긴급 이송되고 수도통합병원에서 가망 없다고 흰 가운을 덮었다는데 기적처럼 살아나 월남(베트남)으로 향했다. 1965년 맹호부대 전투 중대를 이끌고 1년 6개월간 사망자와 행방불명자 명단에 바삐 오르며 맹활약했다. 네 살이던 나는 또다시 아버지의 죽음과 마주했다.

영화 〈님은 먼 곳에〉는 기억 저편 죽음을 넘나들던 아버지를 소환한다. 4학년 여름방학 때였다. 마장동터미널에서 철원 문혜리로 향하는 시외버스를 탔다. 철책선 지역으로 향하는 길은 구불구불 엉망이라 5시간 가까이 가야 했다. 대대장 관사에 도착해서 전화로 도착인사를 드렸는데, 성적표에 '우'가 한 개라도 있으면 바로 전화를 끊으셨다. 그랬던 아버지가 내 생일날은 한 번도 거르지 않고 용돈과 함께 긴 손 편지를 써서 휴가 나오는 병사 편에 보냈다.

베트남 전쟁은 강대국 탐욕에 굴하지 않는 약소국가의 깡과 의지를 전 세계에 보여준 상징적 대결이었다. 강자가 일방적으로 결정한 정의와 평화가 얼마나 허구인지를 생생하게 드러낸 싸움이었다. 베트남 전쟁의 비극은 누구에게도 해를 끼치지 않았던 베트남 민중들의 애통한 죽음과 가족 파괴에 있다. 절대 강대국들의 깡패 짓거리가 지구 곳곳에서 벌어지고 있는 오늘날, 베트남의 애끓는 슬픔은 전 지구적인 아픔으로 생생하게 이어진다.

노모의 간절한 성화에 못 이겨 결혼한 3대 독자는, 애인에게 버림받고 도피하듯 베트남 전쟁 파병부대에 지원한다. 그를 만나기 위해 무작정 전쟁터로 향했던 부인은 명분 없는 전쟁의 참상을 목격한다. 남편을 만나기 위해 급조된 한국군 위문공연단에 참여한다. 위문공연 길에 베트콩으로 불렸던 남베트남 독립

해방군에게 붙잡혀 심문을 당한다. 공연단 리더는 우린 돈 벌러 왔고 한국군은 평화를 위해 왔다고 말한다. 해방군 대장이 너희에게 평화가 뭐냐며 권총을 들이댄다. 생과 사의 갈림길에서 주인공 여자가 노래한다. '사랑한다고 말할걸 그랬지. 님이 아니면 못 산다 할 것을. 사랑한다고 말할걸 그랬지. 망설이다가 가버린 사랑…' 그녀에게 평화는 머뭇거리다 놓쳐버린 애타는 사랑이었다. 그녀의 평화는 거창하지도 거룩하지도 않았다.

50여 년 가까이 몸속에 숨어있던 부비 트랩 조각들이 낡은 아버지를 쓰러뜨렸다. 아버지 사진첩 흑백사진에는 노획한 베트콩 깃발을 들고 환하게 웃고 있는 건장한 장교가 있다. 사진의 뒷면에는 '내 사랑하는 반의 반쪽 상영에게', 어쩌면 마지막 유언이 되었을지도 모를 글이 적혀있다. 아버지는 역사적 흐름을 꿰뚫고 월남에 갔던 건 아닐 것이다. 자신과 가족을 위해 죽음의 경계들을 넘나들며 생존의 시간을 본능적으로 견뎌냈을 것이다. 1965년 베트남 정글을 헤매던 아버지의 평화와, 1944년 핀란드 숲 속에서 죽음을 맞이했던 아버지 병사들(영화 언노운 솔저)의 평화와, 남편을 찾아 머나먼 땅에서 수지큐를 불렀던 그녀의 평화와, 전쟁 소모품이 된 미군 대니보이들의 평화는, 먼 곳에 있는 님에게 돌아가기 위한 간절한 전투였다. 세상 모든 아버지들이 자신의 반쪽들을 다시 만나기 위해 몸부림쳤던 정의로운 싸움이 전쟁의 참모습이다.

다키스트 아워
용기

마음의 갈등이 당신을 단련시켰고

히틀러가 전쟁 야욕을 드러내자 유럽 나라들은 갈팡질팡한다. 도버해협이 해자처럼 지켜주는 마지막 보루 영국도 당황스럽기는 마찬가지다. 온건파는 기울어진 대세를 인정하고 평화 협상으로 손실을 최소화하자고 목청을 높인다. 평화를 가장한 속국의 달콤한 유혹을 간파한 처칠의 고민은 커진다. 닥친 전쟁과 백성들의 죽음을 '치욕'으로 추상화시켜 말싸움만 일삼던 남한산성 선비들의 모습(영화 남한산성)이 겹친다. 결국 치욕이 칼이 되어 나라를 파멸에 이르게 하니 무릎을 꺾었다. 히틀러의 미친 군대는 바다 건너에서 겁박을 거듭한다. 갈등하던 처칠은 지하철에서 만난 국민들의 '네버'라는 단호한 목소리를 듣고 용기의 브이 자를 새긴다.

불완전하기 때문에 강하고

처칠의 판단은 흐리고, 주량은 강하고, 언행은 때때로 제멋대로 흩어진다. 그럼에도 자신이 불완전하다는 것을 받아들이면서 처칠의 갈등에 다양한 목소리들이 스민다. 그의 불완전함은 활짝 열려있다. 자기 아닌 것들을 담아낼 수 있기에 강해진다.

21세기 갈라진 한반도에서 작은 히틀러들을 뉴스에서 쉽게 마주한다. 분단과 대립의 광기에 휩싸인 비뚤어진 권력들이 날뛴다. 탐욕으로 판단은 흐려지고, 만용으로 취한 언행들로 마음의 갈등은 쉼이 없다. 불완전한 우리들의 삶은 분열된다. 위선으로 뒤엉킨 현실에서 처칠이 그렸던 브이 자를 세울 수 없다.

확신이 없기 때문에 현명한 거다

처칠은 히틀러를 물리칠 묘안이 없었다. 기울어진 전세를 뒤집을 절묘한 작전도 없었다. 화장실에 숨어 전전긍긍했다. 그래서 몸과 마음을 온전하게 열고 과거와 현재를 꿰뚫어 볼 수 있었다. 처칠은 현명한 집안에서 지혜로운 DNA를 품고 태어나지 않았다. 처칠은 수없이 갈등했기에 단련되었다. 불완전했기에 조금씩 강해졌다. 확신을 갖지 못했기에 더디게 현명해졌다. 당신은 처칠만큼 갈등했는가. 처칠보다 더 불완전한가. 처칠처럼 확신이 없는가. 그렇다면 이제 당신은 단단해지고, 강해지고, 현명해질 시간이다.

1940년 런던 지하철에서 온 메시지

처칠과 지하철에서 대화를 나누던 젊은이가 낭송한다. '모든 인간들에게 언젠가 죽음은 오나니, 나는 가장 명예롭게 죽겠노라. 두려움에 용감히 맞서 아버지 무덤과 신의 성전을 위해 싸우다가!' 처칠이 화답한다. '마음을 바꾸지 않는 사람은 아무것도 바꾸지 못한다. 성공도 실패도 영원한 건 없다. 중요한 건 굴복하지 않는 용기다.' 이제 그대와 내가 화답할 차례다.

바르다가 사랑한 얼굴들
길과 만남

다르니까 행복한 만남

　벤치에 앉아도 발이 땅에 닿지 않는 영화감독과 선글라스를 벗지 않는 사진작가가 만난다. 두 사람은 외딴 시골길과 버스 정류장과 빵집과 댄스 클럽에서 엇갈리며 지나친다. 닮은 구석이라고는 하나도 없는 88세 여감독 '바르다'의 흐릿한 시선과, 33세 청년작가의 까만 시선이 만나 프랑스 시골 마을과 도시들을 여행한다. 튜닝이 안 된 기타 줄처럼 다름과 다름이 만나 울퉁불퉁한 세상을 사진에 담는다.

　인적 드문 광산촌은 탄광에서 먹던 시커먼 빵 냄새와 멍든 몸을 씻던 목욕의 시간들이 고스란히 남아있다. 철거를 앞둔 집단 거주지 벽에 기억 속 광부들의 대형 사진을 전시한다. 그들은 되살아난다. 강과 앙상한 나무, 오래된 사진과 주목 받지 못했던 하찮은 사랑들. 골동품 양산을 쓰고 마을 벽 거대한 사진이 된 카페 아줌마가 낯선 나그네들을 반긴다. 줄을 당겨 마을 종탑을 흔들자 죽은 아비가 사랑했던 종소리가 깨어난다.

소금이 쌓인 공장 물탱크는 고향을 그리워하는 물고기 사진들로 꿈틀댄다. 고향으로 돌아가는 지친 물고기처럼 퇴직을 앞둔 공장 일군들의 얼굴은 주름으로 번진다. 생존을 위한 노동에 지친 사람들에게 예술은 위로를 건넨다. 유령마을 곳곳에 떠나간 사람들 사진들이 채워진다. 여름밤 반딧불처럼 그 곳에 살던 주민들이 하나둘씩 나타나 왁자지껄 먹고 마신다. 예술은 사람들을 따뜻하게 한다.

그림 그리는 우편배달부는 빵과 기름과 소소한 것들을 배달한다. 그의 가방엔 마을 사람들이 건넨 과일들이 가득하다. 전쟁 잔해로 남은 해변 벙커에는 바다를 그리워하는 소년의 사진이 새겨진다. 소년은 밀려오는 파도에 금세 사라진다. 바다는 옳다. 모든 사라지는 것들은 옳다. 기억 속 사랑하는 사람들, 옛 친구의 무덤에서 죽음과 두려움을 만난다. 길은 참되다. 모든 죽음과 두려움을 맞이하는 길들은 참되다.

박물관 그림들 사이로 깃털처럼 춤추는 바르다는 자신의 늙음을 정직하게 담는다. 시력을 잃어가는 눈과 주름진 손, 심장을 닮은 주름진 발바닥까지. 화물차에 붙인 그녀의 눈과 발가락 사진이 멀리 떠난다. 상상하는 삶은 즐겁다. 사랑하는 사람을 찾아 떠난 여행길, 고독한 창조자였던 기억 속 사랑하는 그이와 할머니가 된 예술가의 설렘은 비껴간다. 완강하게 닫힌 옛사랑에게 쓴 마지막 인사, 우리 이제 뭘 할 수 있지?

나만의 것이 있어 다행이다. 너만의 표정과 습관과 고집과 무모함이 있어 좋다. 사랑하는 당신을 위해 이제 뭘 할 수 있을까? 영화 같은 인생은 행복하다. 나와 다름을 이어주는 감수성의 우물을 지키는 할머니 감독 바르다는 잠들지 않는 시대의 파수꾼이다. 너와 내가 다르니까 참 좋다.

건축학 개론
기질(자기 사랑)

꽃보다 아름다운 사람들은 천천히 흐른다.

'에니어그램'을 통해 각자의 기질을 돌아보았다. 나는 자기주장이 강하고 주도권을 쥐고 밀어붙이는 행동가 유형이 나왔다.

단도직입적이고 단호하다, 권위 있다, 자신감이 넘치고 성실하다, 게으름을 피우지 않는다, 상대방에게 안정감을 준다, 남다른 행동력이 있다는 장점도 있지만 대책 없는 단점들도 많았다. 남을 조정하려 한다, 지나치게 반항적이고 오만하다, 고집이 세다, 자신이 원하는 것만을 중요하게 생각한다, 자신만의 정의를 너무 추구한다, 자신의 행동을 부끄러워하지 않는다, 자신의 약점과 한계를 인정하지 않는다. 아이들이 기막히게 맞는다면서 환호했다.

영화 〈건축학 개론〉은 젊은 날 순수했던 사랑을 되짚어가는 남녀의 거울 이야기다. 사랑이 남긴 상처들이 어렴풋하게 아물고 바쁘게 살아가던 그들이 다시 만난다. 첫사랑이었던 그녀의 부탁으로 바닷가에 집을 설계하던 주인공 남자는 젊은 날 기억 속 골목길을 떠올린다. 골목에는 친구 가슴에 얼굴을 파묻고 오열하는 젊은이의 깨진 가슴이 흩어져 있다. 첫눈 오는 날 빈 마당을 가로지르는 그녀의 차가운 입김이 허공을 떠다닌다. 스스로 계획하고 설계한 것인 양 의기양양 살지만 우린 모두 내면의 기질에 사로잡혀 산다. 자신의 운명을 사로잡은 기질에 갇혀 눈먼 사랑을 잃는다. 시든 사랑의 황폐함으로 가슴을 다친다.

뜻밖에 닥친 사랑의 사건들이 내 의지와 상관없이 흘러간다. 조정하고 감시하는 세상은 개인의 기질을 용납하지 않는다. 기질, 자기다움, 자기 사랑은 길을 잃고 도처를 떠돈다. 자신을 만날 수 없으니 나를 사랑할 수 없다. 내가 누구인지 모르니 너에게로 다가갈 수 없다. 나를 나답게 하는 기질과 매번 어긋난다.
사랑해야 할 자신의 기질이 낯설고 부담스럽다. 주인공 남녀의 젊은 시절 사랑처럼 엇갈리고 상처만 가득하다.

슬픔을 기억할 골목길은 끊어진 지 오래다. 마당 깊은 집도 사라졌다. 자신의 기질을 알아차리지 못하는 영혼들이 불안하게 방황한다. 알퐁스 도데의 별 같은 사랑이 잠시 쉬어갈 어깨는 거친 시련들로 앙상하다. 이제는 그대가 더 이상 새롭지 않다. 습관처럼 핸드폰을 뒤적일 뿐.

'철없던 나의 모습이 얼만큼 의미가 될 수 있는지, 많은 날이 지나고 너의 마음 지쳐갈 때. 내 마음속으로 쓰러져가는 너의 기억이'(노래 기억의 습작). 꽃보다 아름다운 사람들의 사랑은 느릿느릿 입 맞추며 골목길을 기웃거린다.

소수의견
법과 소수

깨어있는 소수는 응답하라

'다수'는 다수결을 합리적 이성이 성취한 신줏단지처럼 받든다. 세상의 모든 '다수'는 참이고 윤리적인가. '본 영화는 사실과 무관하다'는 자막으로 시작되지만 시종일관 2009년 겨울 용산참사를 떠올리게 한다. 개발권력에 취해 공감共感을 저버린 '다수'를 돌아보는 이야기가 영화 〈소수의견〉이다. '소수'는 '다수'의 그림자일 뿐일까.

아들은 1년 넘게 농성 중인 아버지를 만나기 위해 철거현장으로 간다. 다수에 대항하는 소수들을 진압하는 경찰 작전 선봉에 용역업체 깡패들이 동원된다. 아들은 무장경찰 두 명에게 폭행을 당하는 아버지를 구하려다 경찰의 진압 헬멧에 쓰러진다. 아들을 구하기 위해 아버지가 휘두른 쇠망치를 맞고 경찰이 즉사한다. 병원으로 후송되던 아들도 숨을 거두며 영화의 갈등은 고조된다.

　아들의 죽음을 용역의 과실로 조작하려는 공권력과 진실을 밝히려는 변호사의 치열한 법정 논쟁이 벌어진다. 권력의 비열함은 악의 확대 재생산을 통해 구조적으로 순환된다. 권력을 지키기 위해 조작하고 선동하는 사람들이 민주주의를 수호하는 '다수'인가. 대의를 위해 '소수'가 일방적으로 희생당하는 것이 참된 민주주의인가. 독일의 철학자 아도르노는 변질된 이성인 도구적 이성이 인간을 억압하고 세상을 왜곡시킨다고 비판했다. '도구적 이성에 의해 관리되는 세계는 개인의 자율성과 사회 통합을 추구하기보다 현실의 고통을 은폐한다.'(조극훈, 철학이야기)

　힘겹게 살아가는 무수한 약자들을 '소수'라 부르리라. 소수의 삶은 치열하다. 소수는 무작정 떼를 쓰고, 불쌍한 표정 짓고, 사회 안전을 위해 격리 보호되어야 하는 잉여 대상이 아니다. 소수는 사람의 가치와 관계의 감동을 재생시키는 공동체 생존의 토대다. 집단이익이라는 명분으로 소수를 제거하고 은폐하려는 다수의 힘들이 법의 탈을 쓰고 겁박한다. 깨어있는 '소수'는 응답하라!

연극 〈없는 사람들〉
경계와 생존

절망의 망루 위에 꽃들이 핀다

21세기 사회는 규율 사회에서 성과사회로 변모했다. 인간을 병들게 하는 것은 과도한 책임과 주도권이 아니라 후기 근대적 노동사회의 새로운 계율이 된 성과주의 명령이다.

– 〈피로사회〉 한병철 –

무대는 재개발 폭력 철거에 맞서는 동네의 마지막 보루 김밥집이다. 철거 대책위원장인 김밥집 주인은 철거용역업체 간부 백 부장의 집요한 회유에 굴하지 않는다. 그는 뜻하지 않은 마찰로 백 부장에게 상해를 입히고 감옥에 간다. 머리를 다친 백 부장은 철거민을 돕는 신부와 신경전을 벌인 뒤 돌아가는 길에, 철거된 집에 몰래 숨어들어 음악을 듣던 김밥 집 딸을 성추행하고 협박한다. 딸은 새벽 무렵 학교 담을 넘다 실족하여 죽음을 맞는다. 법정은 철거 절차에 하자가 있다며 재개발을 무효로 판결한다. 재개발을 주도했던 '있는 사람들'과 용역업체가 떠난다.

폐허가 된 동네에는 '없는 사람들'만 남는다. 이들은 망루를 세우고 '있는 사람들'을 향한 싸움을 시작한다. 망루가 세워진 자리에 있던 김밥집 이름은 천국이다.

성과주의 노동 계율로 생겨난 '있는 사람들'과 '없는 사람들'의 고단함이 빚어낸 슬픈 이야기다. '없는 사람들'은 지난 세기 정다운 마을 공동체의 시간을 지키려 애쓴다. 극단적 성과사회는 세상을 지배하는 율법이 되어 용산참사와 같은 사회적 비극을 확대 재생산한다. 그럼에도 양극화와 차별의 경계에 세워진 망루 위 '없는 사람들'은 굴하지 않고 꽃들로 피어난다. 세상은 어제와 같고 시간은 흐르는데, 바람에 흩어진 꽃들의 천국은 애타게 사라져 간다. 하늘이 젖고 어두운 망루에 찬 빗방울 떨어지는데, '없는 사람들'은 잘 가라는 인사도 잊고 속절없이 사라져 갈 뿐이다.

삶은 계속된다. 눈물을 글썽이며 꽃들은 지고 다시 핀다. 세상 끝 망루에서 '없는 사람들'이 사랑을 나눈다. 아이를 낳고 이웃들과 핏대를 세운다. 누군가는 외계로 떠나고, 어떤 이는 구겨진 골목길을 돌고 돌아 '있는 사람들' 세상으로 바삐 출근한다.

바람이 분다. 아무도 사랑하지 않는다. 다만 살아남을 뿐이다.

3:10 투 유마
아버지2

어린 것들은 아버지의 나라다 아버지의 동포다

절름발이 아버지는 힘겹게 농장을 꾸린다. 비는 오지 않고 물길 끊어진 지 오래다. 건조한 땅은 하느님조차 외면하는지 3년째 작은 수확도 내려주지 않는다. 빌린 빚은 차오르고 빚 독촉하는 마을 조폭들 만행이 극에 달한다. 궁지에 몰린 아버지는 서부를 뒤흔든 강도 두목을 기차역까지 수송하는 위험천만한 호위대에 자원한다.

전설이 된 강도 두목에게도 아픈 상처가 스며있다. 그가 여덟 살 때 술주정꾼 아버지가 죽자 엄마와 함께 동부로 떠나기 위해 기차역으로 갔다. 대합실에서 3일 동안 성경을 읽었지만 기차표를 사러 간 엄마는 돌아오지 않았다. 그 후 엄마의 마지막 기억이 된 성경은 살인과 폭력을 부르는 주술이 되어 그의 삶을 파괴했다. 강도 두목은 호송 도중에 보여준 절름발이 아버지의 애틋한 가족 사랑에 감동받는다. 탈출하려던 계획을 바꿔 순순히 수송 열차에 오른다.

절름발이 아버지는 젊은 시절 지역 방위군에 지원했다가 남북전쟁에 휘말렸다. 아군의 총에 다리를 맞았지만 아내와 아들들에게 이야기하지 못했다. 아버지는 매사에 주저하고 소극적이었지만 아픈 상처를 떨쳐내기 위해 위험한 죄수 수송 임무에 자원한 것이다. 그는 임무를 마치고 악당 총에 맞아 죽는다.
가족을 지키기 위해 책임을 다한 부끄럽지 않은 용기를 아들에게 남긴다.

셋넷에는 헤어진 아버지를 그리워하는 학생들이 많다. 그들이 기억하는 아비는 술과 폭력과 가난에 찌들어 있었다. 아비들은 자식들에게 뭐하나 변변하게 해 준 것이 없었다. 원망으로 얼룩진 아버지를 닮아가는 자신을 미워하면서, 아버지를 용서하려는 모순으로 셋넷들의 일상은 혼란스럽다.

아버지를 비겁하게 만든 과거와, 자식에게 변명하던 삶과, 가족에게 했던 거짓말의 정체는 할아버지를 닮았다. 할아버지의 아버지들이 세웠던 오래전 가족의 책임에서 자유롭지 못했다.

늠름했던 아버지들의 어깨는 세월이 지날수록 좁고 위태롭다. 3시 10분에 열차가 출발한다. 아버지의 비겁함과 변명과 거짓말을 싣고 떠난다.

'어린 것들은 아버지의 나라다. 아버지의 눈에는 눈물이 보이지 않으나 아버지가 마시는 술에는 항상 보이지 않는 눈물이 절반이다.'(아버지의 마음, 김현승) 오늘, 서울에서 용서받지 못하고 남도로 떠나는 아버지의 밤기차는 쓸쓸하다.

용서받지 못한 자
용서

용서받지 못할 자들이 용서받는 21세기 무법 시대

1800년대 말 미국 서부시대를 뒤흔든 악당이 있었다. 핸드폰과 인터넷이 없던 시대인데도 그의 명성은 바람과 말발굽을 타고 회자되었다. 여자와 아이뿐만 아니라 살아있는 것들은 모두 죽여 버렸다는 소문이 무성했다. 이후 10년이 지났지만 악당에 대한 소식은 어디에서도 들을 수 없었다.

믿을 수 없는 일이지만 악당은 술과 총을 내려놓고 두 아이를 키우며 살고 있었다. 악당을 변화시킨 여자가 죽고 키우던 돼지는 병들고 빚은 늘어만 갔다. 암담한 상황에 처한 악당에게 물리칠 수 없는 제안이 온다. 카우보이 두 명이 술집 여자의 얼굴에 칼질을 했다. 술집 여자동료들이 현상금을 걸고 복수해줄 해결사를 찾고 있었다. 돼지 구덩이처럼 뒤엉켜가던 현실을 벗어나고자 악당은 다시 총을 들지만…

악당은 가까이 세워 놓은 깡통조차 맞추지 못했다. 여윈 말에 올라타기 위해 수없이 고꾸라졌다. 날렵하게 총을 뽑던 손은 농사일로 굳어버렸다. 수십 명을 때려눕히던 무쇠 같던 몸은 야영조차 할 수 없을 정도로 노쇠해졌다. 현상금이 걸려있는 카우보이들이 사는 마을 보안관은 스스로 법이 되어 마을을 공포로 몰아넣고 있었다.

악당의 전성시절에 함께 일했던 친구는 현상금 때문에 원한도 없이 행해지는 살인행위를 견디지 못하고 떠난다. 집으로 향하던 악당 친구가 보안관에게 잡혀 처참하게 죽자 악당은 분노한다. 끊었던 술을 다시 마시고 빗줄기로 질퍽한 마을 술집으로 들어가 절대 권력이 된 보안관과 방관자 마을 남자들을 용서 없이 죽인다. 그리고는 다시 시대 저편으로 숨어든다.

풍문으로만 전해졌던 전설 속 서부마을에는 정의로움과 남자다움이 없었다. 찌질하게 삶에 찌든 소심한 총잡이들이 있었다. 사적인 힘과 권력에 빌붙어 사는 비겁함이 숨어있었다. 분노에 찬 폭력과 무심한 살인이 있었을 뿐이다. 무법의 시대에 누가 누구를 용서할 것인가. 누가 누구에게 용서를 받을 것인가.

2021년 분단 나라 대한민국에는 70년간 남과 북의 평화를 어지럽히는 이념의 악당들이 수두룩하다. 그들의 명성은 황사바람과 인공위성을 타고 세계로 우주로 회자되면서 모든 살아있는 것들의 윤리를 저버린다. 이들에게 의로운 삶을 존중하는 인류애는 없다. 야비함이 비굴함을 용서하고, 세습된 권력으로 용서받지 못할 자들이 함부로 용서 받는다. 돼지 구덩이 같은 분단의 어둠은 한 치 앞도 볼 수 없는 지경인데, 용서받지 못할 자들의 밤은 오늘도 눈부시다.

아름다운 비행
엄마

당신 마음을 어지럽히는 시동을 제발 끄세요.

열세 살 소녀는 엄마를 교통사고로 잃고 헤어진 아빠와 어색하게 만난다. 기억 속에서도 낯선 아빠, 아빠의 엉망진창 작업실 겸 집, 마지못해 나선 학교는 소녀를 더 외톨이로 만든다. 소녀는 노을 지는 햇살이 훔쳐보는 헛간 구석 거울 앞에서 엄마에 대한 그리움으로 화장한다.

소녀는 불도저가 밀고 지나간 늪의 잔해에서 엄마 잃은 야생 거위 알들을 발견하고 정성으로 부화시킨다. 알에서 깨어나 처음 본 소녀를 엄마로 믿고 따르는 거위들과 홀로 된 소녀가 부재 중인 엄마의 사랑을 채워간다. 하지만 거위들을 따뜻한 서식처로 보내야 하는 현실적인 문제와 부딪친다.

소녀와 아빠는 어미를 통해 나는 법을 배우고 어미를 따라 서식처로 이동하는 습성 때문에 고심한다. 캐나다에서 미국 플로리다까지의 대장정을 위해 일인용 비행기를 만들어 어미 거위 모습의 날개를 씌우자 주저하던 거위들이 아름다운 비행을 시작한다. 이들의 여정은 제각기 사연으로 가슴을 다친 지상의 우울한 인간들을 위로하는 희망의 비행이 된다.

거위들 서식지로 예정된 습지는 자연을 지키려는 사람들의 저항 소리와 서식지를 밀어버리려는 불도저의 굉음 소리가 뒤섞여 난장판이다. "시동 꺼!" 누군가의 고함 소리에 사람들이 다툼을 멈추고 기계 시동을 끈다. 노을빛 하늘을 가르고 소리가 들려온다. 어미 잃은 거위들이 엄마 잃은 소녀의 인도로 무사히 비행을 마치고 안식을 찾는다.

시동을 *끄자*. 하루 종일 지지고 볶듯 몰아치는 생존의 몸부림을 멈추고 엄마가 떠주었던 밥 냄새를 기억하자. 눈물 한 방울 없이 울어대는 핸드폰 소리도 *끄자*. 잔걱정으로 밥상을 차리던 엄마의 기도를 떠올리자. 온갖 거짓으로 채워진 정치 모리배들의 달콤한 소음도 멀리하자. 멍텅구리 TV도 안녕. 잠시나마 우리를 사로잡고 있는 세상의 시동들을 멈추자. 한번뿐인 인생이다. 나만의 삶을 위한 아름다운 비행을 설계하자. 머뭇거리고 주저할 시간이 없다.

어바웃 타임
엄마2

아직은 견딜만한 오늘 하루를 위하여!

울퉁불퉁해진 세상에서 균형을 유지하기가 쉽지 않았다. 그때마다 나는 기억으로 돌아갔다. 유년기와 첫사랑, 청춘 시절처럼 오래된 기억은 천억 개가 넘는 뇌세포 가운데서도 안쪽 깊숙한 데 숨어 있었다. 거기에 언제든 갈 수 있다면 아직은 견딜 만한 것이다. 오늘이 어제의 기억으로 지탱되듯이 현재를 기억함으로써 미래가 만들어진다. 그러니 아직 견딜 만은 한 것이다.

– 성석제 –

별로 특별할 것도 없는 찌질이 아들이 스물 한 살이 되던 날 아버지는 놀라운 비밀 하나를 알려준다. "우리 가문 남자들은 아주 특수한 재능을 대대로 물려받았단다. 성년이 되면 능력을 발휘할 수 있지. 네가 직간접으로 경험했던 기억이나 사건과 장소들로 여행하면서 기억을 바꿀 수 있단다." 아들은 마음대로 시간을 거슬러 오르며 과거로 돌아가 기억의 내용들을 바꾼다. 시간여행으로 과거 삶에 개입하고 원하는 대로 바꾼다. 덕분에 아들은 원하던 사랑을 얻고 가정을 꾸린다. 아버지의 암 투병을 알게 되고 과거로 돌아가 상황을 바꾸려 한다. 아버지는 거부하며 행복을 위한 아빠의 공식을 마지막으로 전해준다.

내 안에 스며있는 나만의 경이로움과 기쁨과 설렘과 유머로 하루를 새롭게 채우기. 어린 시절 기억들로 돌아가 평화롭게 머물기. 한가한 오후 물수제비뜨기, 바닷가에서의 물장난, 아버지를 많이 바라보고 하찮은 얘기들 들어주기, 특별하면서 평범한 하루. 시간여행의 마지막 날은 더 이상 시간여행을 하지 않는 날이다. 주어진 삶의 여행을 고마워하며 욕심 없이 즐기는 것이다.

이야기꾼 성석제의 시간여행도 이와 다르지 않다. 언제든 갈 수 있는 잔잔한 기억들로 아직은 견딜 만한 현재를 특별하면서 평범하게 살아내는 것이다. 어제 들렸던 햄버거 가게 점원에게 미소 짓고, 지하철 옆 사람 음악에 귀 기울이며 발끝을 달싹이는 거다. 반복되는 일상의 일들이 피워내는 작은 성과를 크게 기뻐하고, 아이들의 얼굴을 처음 보는 모습처럼 반짝이며 지켜 내는 거다.

어머니 마지막 날들이 떠오른다. 화사한 4월의 봄날이었다. 병원으로 가는 길에는 꽃들이 지천으로 흐드러져 있었다. 어머니는 창밖을 보며 눈부신 생명의 축제를 경탄하며 넋을 잃었다. 내가 시간여행을 할 수 있다면 엄마와 함께 봄꽃 핀 거리를 쏘다니며 꽃구경을 오래도록 하고 싶다. 어둠을 향하는 가여운 불꽃 같았던 엄마의 가슴을 꽃의 향기와 빛깔로 채울 수만 있다면 특별하면서 지극히 평범한 하루가 될 테니까. 울퉁불퉁하고 아슬아슬한 세상에서 균형을 잡으려 안간힘을 쓸 때마다 봄날 엄마와의 꽃나들이 기억으로 돌아갈 것이다. 그 기억 속으로 언제든 갈 수 있기에 아직은 견딜 만하다. 아직은 견딜 만은 한 삶이다.

해피엔딩 프로젝트
전통의 힘

마음이 예쁘면 꿈도 예쁘죠 예쁜 꿈 꾸며 나비같이 날아

명수가 사라졌다. 한 곳에 머물지 못하고 떠다니곤 했는데 이번에도 중요한 고비를 넘기지 못하고 종적을 감췄다. 자격미달이었지만 격려하는 차원에서 외부 장학금을 어렵사리 마련하여 주었더니 장학금 받은 다음 날 사라졌다. 10년 넘게 당해온 배신감인데 적응이 되지 않는다. 청소년 시절 탈북과 도피와 낯선 곳으로의 이주로 생겨난 마음속 상처들은 집요하게 아이들을 힘들게 한다.

착잡한 마음 위로받고 싶은 심정으로 영화를 본다. 〈해피엔딩 프로젝트〉는 죽음과 세상과 가족에 속박당하지 않고 생의 마지막 시간들을 꾸리는 캐나다 노부부의 실제 이야기다. 61년을 함께해온 부부는 가꿔온 사랑을 담담하게 비워간다. 87세 노인은 깊어가는 아내의 치매를 돌보기 위해 홀로 집을 세운다. 기

억을 잃어가는 아내를 위해 시작한 집 짓기는 평생을 함께 해온 동네 친구들과 자식들에게 무모하게 여겨진다. 국가가 정한 건축법은 사사건건 노인의 발목을 잡는다. 집을 계속 지으려면 26건의 지적사항을 수용하라는 법원의 최후통첩을 받는다. 노인은 굴하지 않는다. 2년에 걸쳐 집 짓기를 완성하고 생애 마지막이 될 법정투쟁에 나선다.

'당신은 야구를 아는가?' 법정에 선 89세 거인은 재판장에게 묻는다. 어릴 적 미국 야구의 전설 베이브 루스에게 받은 사인볼을 회상하며 미국 야구가 지켜온 거룩한 전통을 이야기한다. 야구의 규칙과 방식들은 변해왔지만 마음으로 이어온 전통은 소중하게 지켜져야 한다고 호소한다. "아버지는 500척이 넘는 배를 만든 나무의 장인이었다. 장인의 전통을 이어받아 한 땀 한 땀 지은 내 집은 변화된 세상에서도 존중받아야 한다." 노부부는 그 집에서 91세까지 살다 생을 마무리했다.

사라진 명수 때문에 속상해하는 나를 위로하기 위해 자원교사가 편지를 보내왔다. '나를 괴롭히고 갈구고 못살게 구는 사람이 있지요. 뻔한 거짓말을 하고 화를 내고 속이려 하는 사람이 있으면 저는 주문을 욉니다. 저 사람도 나처럼 위기를 모면하기 위해 애쓰고 있구나. 거짓말하고 화내고 남을 못살게 구는 것은 내가 살기 위해서입니다. 내가 위기를 모면하기 위해서 그런 행동을 하는 겁니다. 타인도 마찬가지죠.' 나와 셋넷을 어지럽혔던 명수의 뻔한 거짓말과 일탈 행동들은 자신에게 닥친 위기를 모면하고자 몸부림쳤던 것일까.

해피엔딩 인생은 노부부의 삶처럼 오래 무탈하게 사는 것만은 아닐 것이다. 늙고 병들어갈지라도 개인의 행복은 돈이나 가족이나 국가에 맡기는 것이 아니다. 스스로 지켜온 전통의 힘으로 마무리하는 위대한 프로젝트가 인생의 해피엔딩이다. 시련과 고난들로 다져진 전통의 힘으로 각자의 삶을 행복하게 마무리할 수 있다. 나를 지탱해온 오래된 전통의 힘을 기억하며 헝클어진 일상을 다시 일으켜 세운다.

코로나19 역병으로 관계가 끊어지고 소통이 단절되는 힘겨운 나날들이다. 사람들 마음이 거칠어진다. 믿기 힘든 험한 일들이 벌어진다. 우리 주문을 외우자. '저 사람도 나처럼 위기를 모면하기 위해 애쓰고 있다.'

일대종사
운명

어둠은 깊어가는데 등불은 보이지 않는다

어쩌면 전쟁은 사람들을 평등하게 한다. 평탄하게 살아가던 사람들이 전쟁이라는 돌발 상황 때문에 예기치 못한 운명으로 바뀐다. 전쟁이 파괴하는 삶은 사람들 내면에 숨어있던 모습들을 낱낱이 드러낸다. 이방인들과 생존을 위해 뒤섞이면서 존경은 조롱으로 변한다. 명예는 탐욕으로 변신한다. 한 시절을 풍미했던 무술 고수들의 파란만장한 삶과 사랑을 그린 영화가 〈일대종사〉다.

'한 시대에 나올까 말까 하다는 시대의 스승(일대종사)'들이 광활한 중국 대륙 여기저기에서 등불을 밝히고 제자들을 모은다. 자신이 숨겨온 도술을 이어갈 새로운 등불을 찾아가는 외중에 뜻하지 않은 전쟁에 휘말린다. 스승을 저버리는 제자의 패륜이 생겨나고 패륜을 응징하는 복수의 대결이 펼쳐진다.

전쟁의 상처가 남긴 더러운 삶의 규범은 유구하니 피와 배신이 난립한다. 등불은 위태롭고 믿음이 흩어지니 세상은 술에 취한 듯 비틀거린다. 후회하지 않는 인생이란 얼마나 건조할까. 한 시대를 지켜왔던 명예는 새로운 시대를 죽음으로 열망하지만 명예는 부질없다. 참된 삶을 지키려는 고수의 평범한 삶이 있을 뿐이다. 운명은 피할 수 없다. 이룰 수 없는 사랑으로 회한은 깊어간다. 퇴락한 무림의 거리가 비에 젖는다. 일대종사를 그리워하는 시대의 등불은 어두워간다.

오래된 삶들이 헝클어지고 엉뚱한 운명들로 흩어졌던 한반도의 전쟁이 멈춘 지 70년이 지났다. 여전히 배신과 속임수를 즐기는 패륜들이 그치지 않는다. 믿음으로 산다면 정녕 보답이 오는가. 한반도의 정신을 지켜왔던 선비들의 맑은 기운은 보이지 않는다. 탐욕과 시기심으로 혼탁해진 백성들은 서로 존중하지 않는다. 등불을 밝히면 착한 사람들이 모이는가. 일대종사를 찾을 수 없는 한반도에서 후회 없는 삶이 가능할까.

'믿음이 있으면 보답이 따르고 등불이 있으면 사람이 모인다.' 보답을 바라지 않는 믿음을 심어줄 일대종사는 어디에 있는가.

위선으로 사람을 모으는 거짓 등불들이 미쳐 날뛰는 시대의 절망을 보듬어줄 일대종사는 어디에 있는가.

가을하늘

이 시대는 기술이 도달해야 할 지점의 감성을 읽어내는 센스를 요구한다. 주어진 시간과 공간의 최대치 효율을 내세우기에 앞서, 시간과 공간을 이어 줄 소통의 공감능력이 필요하다. 적당히 적응하고 끝없이 인내하는 게 아니다. 자신을 부끄러워하지 않는 자존감으로 한 땀 한 땀 채워가는 창조적인 에너지가 오늘을 행복으로 이끈다.

착하기만 한 당신에게 묻는다. 그대가 진정으로 원하는 게 무엇인가. 가슴 사무치도록 욕망하는 게 대체 뭐지?

전설의 주먹
시대의 등불

그땐 외롭지 않았다.

"언젠가 우리가 지녔던 모든 것을 놓아버릴 때가 온다. 반드시 온다. 그때 가서 아까워 못 버린다면 그는 잘못 살아온 것이다. 본래 내 것이 어디 있었던가. 한때 맡아 가지고 있었을 뿐인데, 그러니 시시로 큰마음 먹고 놓아버리는 연습을 미리부터 익혀두어야 한다. 그래야 지혜로운 자유인이 될 수 있다."

- 무소유의 삶, 법정(이 사람을 보라, 김정남)

고등학교 시절 법정스님의 〈무소유〉를 읽고 혼란스러웠다. 시대의 삶은 집단적인 강요가 사적인 긴장을 압도했다. 성인이 되는 길목에는 가족과 사회정의, 투쟁과 타협, 희생과 외면이 선택을 강요하고 있었다. 중용의 가치가 자기기만의 회색빛으로 매도되는 현실이었다. 법정스님은 놓아버리고 자유로워지라고 했다. '불필요한 것들에서 벗어날 때 진정 행복하다.' 법정은 까까머리 시절 내 인생 첫 번째 '전설'이 되었다.

대학시절, 기존 질서와 가치와 고정된 틀에 아랑곳하지 않는 거인이 있었다. 그를 가두는 경계와 울타리를 헤아릴 수 없었다. 그가 가면 낯선 곳도 새로운 길로 열렸다. 성악가의 성가가 거룩하게 울려 퍼지던 교회에서 젊은이들의 통기타 특송을 들려주고 하나님은 편협하지 않다고 일침을 놓았다. 노래방 기계를 교회에 설치해서 입시교육에 찌든 청소년들이 맘껏 스트레스를 풀게 해 주는 게 교회가 할 일이라며 젊은 나를 깜짝 놀라게 했다. 내 삶을 사로잡아 변화시킨 할아버지는 강원용 목사다. 방황과 갈등으로 길을 찾아 헤매던 청춘의 어느 날 당신은 내게로 와 '전설'이 되었다.

어둠의 시대를 밝힌 사람들이라는 부제를 단 책 〈이 사람을 보라〉는 희생과 고난으로 절망의 시대에 길을 낸 고독한 이들의 이야기를 들려준다. 의롭게 한 시대를 살다 간 전설들의 이야기다. 돌이켜보면 탈출구를 찾을 수 없었던 분노의 시절을 견뎌낼 수 있었던 것은, 우릴 일깨우고 용기를 주었던 시대의 전설들이 있었기에 가능했다. 그땐 외롭지 않았다.

영화 〈전설의 주먹〉은 무너진 교실, 헐벗은 야산, 후미진 시장통에서 양아치들 위를 종횡무진 날아다니던 전설의 주먹들을 소환한다. 폭력이 난무하는 스크린에 슬슬 지겨워 주리를 틀 무렵, 국숫집 남자 주인공이 왕따 당하는 딸에게 던지는 대사가 나를 깨운다. '꿈을 포기하지 마라.' 〈전설의 주먹〉은 무쇠팔 무쇠주먹이 아니라 꿈을 포기하지 않았던 시대의 전설들에게 바치는 오마주다. 적당히 시대에 타협하고, 버티는 생활에 지쳐가고, 날렵하던 몸매가 세월에 무너져 내릴 때 꿈을 놓지 않는 거다. 아끼고 집착했던 것들을 큰마음 먹고 툭 놓아버리고, 잊었던 열여덟 살 꿈으로 뚜벅뚜벅 걸어가는 사람이 '전설'이다.

정치군인들이 패거리 집단을 모으느라 혈안이 되었던 들개들의 시절이 있었다. 전쟁으로 갈라진 나라를 하나로 만들자고 군인이 되었는데 파벌이 웬 말이냐며 거부했던 무모한 군인이 있었다. 우리나라에 기름 한 방울 나지 않는다면서 전용차를 한사코 관사에 세워놓고 구보로 출근하던 장군이 있었다. 전두환 신군부들이 쿠데타를 일으키고 합류를 종용할 때 군인은 오직 나라와 국민만을 위해 살고 죽는 거라며 대책 없이 개기던 아비가 있었다. 나의 아버지 박동원 장군은 내 생애 마지막 '전설'이 되었다.

댄싱퀸
꿈

가슴속 묻어 둔 어떤 이의 꿈이 깨어난다.

남편은 학벌로 확보한 세속의 잇속을 맛보지 못하고 산다. 아내는 친정 덕을 보며 근근이 가족을 꾸린다. 남편은 권력유지를 위해 작동하는 시스템을 무시하고 멋대로 산다. 아내는 그러거나 말거나 자기 일에 몰두한다. 부부는 서로에게 무관심하며 위태롭게 자기 삶을 지키고 살아간다. 영화 주인공들을 빼닮은 영화 밖 내 삶을 돌아본다. 잘 살고 있는 건가. 이렇게 살아도 되는 건가. 불뚝 불뚝 야망과 욕심으로 흔들리지만 하고 싶은 일들을 놓을 수 없다.

영화는 두 시간 만에 해피엔딩으로 끝나지만 영화 밖 내 삶은 안개가 자욱해서 도무지 길이 보이지 않는다. 영화 주인공들이 품고 있는 매력은 서로의 관계를 정화시키는 활력소가 되어준다. 영화 밖에서는 긴장과 충돌로 지쳐간다. 영화 속 자녀는 이쁘게 능청을 떨며 가족 관계를 회복시키지만, 영화 밖 내 자녀들은 소 닭 보듯 부모를 대한다.

한 때의 인연으로 사랑하고 결혼도 한다. 평균치의 삶을 살아가며 무너지는 몸매와 멀어지는 아이들을 안타까워한다. 하지만 버리지 못하고 숨겨둔 꿈들이 있다. 느낌 없이 요리하고 감동 없는 출근길에 떠밀리면서도 떠나보내지 못한 내 사랑의 꿈들이 숨죽이고 있다.

영화 속 마돈나처럼 몰래 몸무게를 낮추고, 힐금거리며 키를 높이고, 적당히 신분을 속여보지만 별 볼일 없는 일상에서 반전 찬스는 희미하다. 헛된 열정으로 술에 취하고 노래방에서 핏대를 올린다. 불룩한 배를 출렁거리며 방탕한 춤을 추지만 공허함은 감출 길 없다. 이번 생은 이대로 나가리인가.

당신 꿈과 내 꿈은 다른 거라며 신촌 마돈나는 후줄근해진 일상을 걷어찬다. 너를 위해 살지 않고 지금부터라도 내 꿈을 위한 삶을 실현하겠다며 아줌마가 되어버린 신촌 마돈나가 깨어난다. 자신의 꿈을 포기하지 않겠다고 우리 기쁜 젊은 날들의 눈부신 마돈나들이 뚜벅뚜벅 사뿐사뿐 걸어온다.

파파로티
교육과 배움

'준다'는 것과 '나눈다'는 것의 차이

남의 인생에 참견하고 세상을 바꿀 수 있다는 믿음으로 살아왔다. 내가 고집했던 '교육'이 무엇이었을까. 교사라 불린 지 25년이 넘었다. 내 생의 계획에 교사라는 일정표는 없었다. 삶이란 경이롭다. 내가 경험했던 제도권 교육에는 두 사람만이 존재했다. 잘난 선생과 못난 제자, 완전한 교사와 미흡한 제자, 근엄하게 지식을 내려주는 님과 한 점 의혹도 가지면 안 되는 겸손한 놈. 내가 통과했던 교육은 무례하기 짝이 없을 정도로 일방적이었다. 하사 받은 지식들은 대부분 일상에서 아무런 쓸모가 없었다. 평등한 인간관계를 훼방 놓고 어지럽혔다. 부끄럼 없이 교육을 사고팔았다. 전쟁터에서 받은 훈장처럼 지식을 전시하고 과시하는 시대에서 살아남았다.

'준다'는 것과 '나눈다'는 것의 차이를 선명하게 보여준 영화가 〈파파로티〉다. 꿈이 무참하게 깨진 선생과 꿈을 놓지 않는 제자가 인생의 배움을 나눈다. 촉망받는 성악가였던 선생은 목에 결정적인 이상이 생겨 성악을 포기할 수밖에 없었다. 귀국 후 지방 모교인 예고에서 투덜이 음악교사로 연명한다. 제자는 고교시절 조폭 세계에 발을 들여놓았다. 너무 외로워서였다. 조직의 넘버 쓰리가 되었지만 어린 시절부터 품고 있었던 노래의 꿈을 놓지 못한다.

좌절한 음악교사와 조폭 학생과의 만남이 엎치락뒤치락하면서 인연과 관계로 얽힌다. 인연은 일방통행식 교육을 통해서 만들어질 수 없다. 담배와 술과 욕설로 삶을 외면하던 교사는 깡패 제자를 통해 일그러진 자신을 세우고 꿈을 다시 설계한다. 폭력의 도구로만 존재했던 학생의 꿈은, 되살아난 교사의 꿈을 통해 새로운 세계로 향하는 삶의 지혜로 변화된다.

자신을 키워준 조직의 넘버 투 선배가 넘버 쓰리 동생에게 이야기한다. "여기서 가장 불쌍한 사람이 누군지 아니?" (주위를 두리번거리는 동생을 향해) "바로 나. 난 꿈이 없거든. 내가 너 같으면 이렇게 살지 않는다. 그러니 니 꿈을 포기하지 마라." 참된 배움은 좌절한 나를 일깨우고 저버린 너의 꿈을 다시 세운다.

더 스토닝
종교

난 천국이 싫다

위대한 신이 공들여 창조한 것이 악마였다면 어찌해야 하나. 자비로운 알라의 높은 뜻이 미친 수컷 들개들에 의해 세상에 구현되어야 하는가. 실화를 바탕으로 만든 영화 〈더 스토닝〉은 절대 존재인 신을 이용해서 세속의 권력을 지켜온 수컷 짐승들의 실상을 낱낱이 증언한다.

영화의 배경은 왕조시대가 끝나고 근본주의 종교혁명의 기운이 무르익던 이란이다. 프랑스 기자는 고장 난 차를 고치기 위해 국경 마을에 머물다 참담한 사건을 전해 듣는다. 분노에 찬 마을 여인이 들려준 사건은 하루 전에 벌어졌다. 사건 피해자인 동네 아줌마는 딸 둘 아들 둘을 낳고 살아온 평범한 엄마였다. 그녀의 남편은 열네 살 소녀와 결혼하기 위해 온갖 회유로 이혼을 요구하고 폭력을 휘두른다. 그녀는 폭력남편으로부터 아이들을 지키고 온전하게 살고자 했지만, 남편과 종교지도자와 마을 시장이 꾸민 음모에 걸려들어 비극적인 운명을 맞는다.

신약성경에는 동네에서 간음한 여인을 돌로 쳐 죽이려는 성난 마을 사람들을 예수가 제지하는 사건이 있다. 이슬람 율법도 부정한 여인을 돌로 쳐 죽이라는 구약의 전통을 따른다고 한다. 발정 난 수컷 들개가 되어버린 남편은 2,500년 전에 쓰여진 법을 악용하여 아내이자 아이들의 엄마를 간통한 여자로 몰아 마을회의에서 유죄판결을 내리게 한다.

마을 아이들은 신이 나서 모난 돌들을 모은다. 성인 남자들은 위대한 신을 칭송한다. 알라의 계시라며 이웃으로 정답게 지내던 여인에게 가차 없이 돌을 던진다. 그녀의 아버지가 제일 먼저 자신의 딸을 부정하며 돌을 던진다. 악마로 돌변한 남편이 돌을 던진다. 그녀의 두 아들들이 영문도 모른 채 돌을 던진다. 낯선 이에게 차를 대접하고 평화의 인사를 건네던 마을 남자들도 순식간에 악마로 변한다. 피에 굶주린 들개들이 되어 돌을 던진다. 마을 아이들도 순순히 들개들 무리에 합류한다. 흙구덩이에 몸이 파묻혀 꼼짝달싹 못하는 아내이자 엄마이자 마을 공동체 이웃 아줌마에게 돌을 던진다. 위대한 알라의 계시라는 것을 잊지 않고 떠들어댄다.

평화로운 마을 공터에서 그녀는 돌팔매질 당하며 정든 마을을 떠난다. 영문도 모른 채 피 흘리며 사랑하는 자녀들과 이별한다. 따뜻한 포옹조차 없다. 이심전심 돕고 살던 이웃들을 서둘러 떠난다. 자비로운 신을 만나러 천국으로 떠난다. '이 나라에 돌팔매질로 여자를 죽이는 일은 없다.' 위대한 알라의 뜻을 부정하는 이란 정부의 입장이 선명한 자막으로 영화의 마지막을 장식한다.

지금도 세계 곳곳에서 수많은 아내와 엄마와 딸들이 악마로 변한 수컷 들개들에게 돌팔매질을 당한다. 위대하고 자비로운 신을 만나러 바삐 천국으로 떠난다. 어찌할꼬, 그녀들을 반겨줄 천국에는 믿음 깊은 발정 난 수컷 들개들이 가득할 텐데. 빌어먹을 천국에는 아름다운 꽃 대신 피 묻은 신성한 돌들이 산더미처럼 쌓여 있을 텐데.

도가니
폭력

당신의 어린 자녀는 무사한가

몸과 마음이 불편한 아이들을 사정없이 때린다. 교육을 시킨다는 미명 아래 고문을 가하는 영화 장면들을 보며 중얼거린다. 과장일 거야. 영화란 뻥이 심하잖아. 순간 나의 과거로부터 쏜살같이 치고 올라오는 어둔 기억들이 있다.

고교시절, 교실과 학교는 폭력의 인큐베이터였다. 교사들은 조그마한 트집이라도 잡을라치면 미친 사람처럼 학생들을 때리고 짓밟았다. 교실 앞 칠판에서 시작된 폭력은 교실 뒤편 벽에 가서도 그치지 않고 교무실로 이어졌다. 학생들은 고막이 터지고 피를 쏟았다. 교사들의 비정상적 언행은 부모 앞에서도 거침이 없었다. 소박한 인권의 호소에도 아랑곳하지 않았다. 교장과 행정 교사들은 영화처럼 외면하고 독려했다. 아름다워야 할 푸른 시절은 시퍼렇게 멍들어갔다. 피해자였던 학생들은 스승이 지속적으로 전수해 준 폭력을 일상으로 확대시켜 말죽거리 잔혹의 역사를 화려하게 재창조했다.

몸과 마음이 상한 아이들을 학대하고 훈육을 시킨다는 미명 아래 성폭행하는 장면들을 보면서 진저리를 친다. 과장일 거야. 영화란 뻥이 심하잖아. 순간 나의 현재로부터 쏜살같이 치고 올라오는 어지러운 기억들이 있다.

사랑의 매를 때린다며 자랑스럽게 교육관을 드러내던 탈북 청소년 대안학교 목사의 얼굴이 떠올랐다. 잠든 자원봉사자 여교사를 성추행하다 발각되자 기억나지 않는다며 오리발을 내밀던 탈북 청소년 그룹홈 책임자가 떠올랐다. 그들의 비정상적인 언행은 종교집단 내부의 비호를 받으며 뻔뻔스러웠다. 탈북 아이들의 남한 정착생활은 그렇게 멍들어갔다. 이방인 청소년들은 남한살이를 돕는 짐승 같은 도우미들이 전수해 준 폭력을 일상으로 확대시켰다. 같은 처지의 고향 친구들을 때리고 성폭행하며 이중적인 삶을 단련했다.

영화 〈도가니〉를 만든 실제 학교사건은 무마되고 흐지부지 마무리되었다. 짐승보다 못한 년놈들은 다시 복직이 되어 그 짓거리를 계속했다고 한다. 짐승보다 못한 짓들이 자행되도록 방관하고 협잡했던 관할 교육청과 시청 공무원들에 절망한다. 저들이 살릴 수 있었던 여린 영혼들을 죽음으로 내몰았다. 추악하고 뻔뻔스러운 협잡의 음모를 명명백백 밝혀내야 한다. 악의 고리를 끊어야 한다.

영화보다 생생한 현실의 '도가니'를 운영하는 학교 교장과 교사들, 목사님들과 교육청 공무원들, 시청 공무원들에게 묻는다. 당신의 어린 자녀는 무사한가?

데드맨 워킹
선택

사랑의 얼굴은 어떤 모습일까.

살다 보면 때때로 선택해야 한다. 애매한 사랑의 느낌을 구체적으로 드러내야 할 때도 있다. 어느 한쪽을 선택해야 하는 곤혹스러운 처지에 빠지기도 한다. 무수한 관계들로 얽히고설킨 상황에서 한쪽을 확실하게 선택한다는 건 난감할 뿐 익숙하지 않다. 영화 〈데드맨 워킹〉은 대충 얼버무리며 사는 상투적 일상에 버거운 질문을 던진다.

수녀는 죄를 뉘우치지 않고 뻔뻔한 모습을 보이는 살인자의 영혼을 포기하지 않는다. 참회하게 하고 사형이라는 사회 제도에서 구하기 위해 애쓴다. 그럼에도 주인공 남자의 끔찍한 범죄 장면들을 끊임없이 떠올리며 미움을 놓지 않는다.

수녀는 슬픔에 젖은 부모를 찾아가 자식을 잃은 상실감과 분노를 어루만진다. 부모는 수녀에게 거칠게 묻는다. 아직도 살려둘 가치가 없는 살인자를 변호하고 감싸느냐고 다그친다. 우리 편인지 악인의 편인지 태도를 분명하게 밝히라고 몰아붙인다.

데드맨 워킹! 사형을 알리는 심판의 소리가 사형 집행장 복도를 가로지른다. 주인공 살인자가 죽음의 침대에 눕자 수녀는 그를 향해 손을 내민다. '당신을 위해 사랑의 얼굴을 하겠다. 내가 할 수 있는 일이란 서로 미움을 버리도록 돕는 것뿐이다.'

용서하지 못하는 삶들로 가득한 세상이다. 어쩌다 이 지경이 되었을까. 거리낌 없는 분노와 깊은 시름으로 거칠어진 얼굴들을 거리에서 쉽게 마주하며 수녀가 보여준 '사랑의 얼굴'을 떠올린다. 사람들의 일그러진 얼굴들 위에 수녀가 품으려 했던 사랑의 얼굴을 가만히 그려본다. 미움과 편견으로 갈라진 분단의 삶들은 언제 안식을 누릴 수 있을까.

다우트
의심과 소문

사랑하는 건 아무 잘못이 없다.

케네디 대통령이 암살당한 이듬해 가을 소도시 성당에서 미사가 열린다. 신부는 살면서 확신이 없을 때 어찌해야 하냐고 설교한다. 사랑하는 이들과 막막한 절망을 어찌 나눠야 하냐고 묻는다. 우리가 다른 사람과 연결되어 있는 건 슬픔 때문이라고 전한다. 설교가 깊어지는 시간, 수녀가 졸고 딴짓하는 아이들을 가차없이 응징한다. 아이들은 교구에서 운영하는 학교에 다니는 중학생들이고 수녀는 교장이다.

교장은 단호하다. 종교 교리에 입각하여 수녀인 교사와 학생들과의 접촉을 금지한다. 교사와 학생 간 구분은 엄격하고 복종은 절대적이다. 침묵과 처벌은 그녀 권위의 상징이다. 복장과 행동은 규정대로 단정해야 하고 볼펜 사용은 금지한다. 감각을 자극하는 단맛을 멀리하고 세속의 음악은 불허한다. 교장 수녀는 학교 운영의 중심이고 규율은 교장 수녀에게서 비롯된다.

다른 교구에서 옮겨와 미사를 집전하고 아이들을 상담하는 신부는 교장 수녀가 금과옥조처럼 지켜온 규율에서 자유롭다. 그녀가 세운 표준을 수시로 넘나 든다. 아이들에게 다정하게 다가가 재밌는 말과 행동으로 편안하게 해 준다. 자신이 원하는 만큼 커피에 설탕을 넣어 먹는다. 세상의 즐거운 음악도 마다하지 않는다. 삐딱한 아이를 외면하지 않는다. 힘들어하는 아이를 꼭 안아주기를 주저하지 않는다.

왕따가 되어 다른 학교에서 전학 온 유일한 흑인 학생은 이 학교에서도 외롭다. 아빠는 폭력으로 일상을 지배한다. 멍든 엄마는 대학 진학으로 신분 상승만 바라며 모든 문제를 외면한다. 학생은 미사 의식을 돕는 복사가 된다. 몰래 미사주를 마시다 들켰지만 신부는 감싸준다. 이 사실을 알게 된 담임교사 수녀와 교장 수녀는 신부와 학생 관계를 의심한다. 규율과 규칙에 갇힌 두 수녀의 의심은, 신부의 설교 메시지처럼 강력하고 지속적인 결속력을 갖는다.

관심과 사랑은 엄격한 종교 교리 때문에 용납 못할 불경스러움이 된다. 개인의 자연스러운 욕구와 취향은 이분법적 도덕 때문에 참회해야 할 죄가 된다. 다정함은 더 이상 안전하지 않다. 의심은 낯선 것들을 배제하는 힘 있는 자들의 지배방식이 된다. 의심은 중심과 표준을 거역하는 이질적인 것들을 제거하려는 불통의 전략이 된다. 자비심은 인간적인 약점이 되고 만다.

영화처럼 셋넷학교의 소통 방식들은 세상의 온갖 의심을 받았다. 셋넷의 교육과 활동은 깃털처럼 소문으로 떠다니며 회자되었다. 남녀 학생들이 자기답게 화장하고, 당당하게 머리를 물들이고, 귀걸이를 하고, 교사들과 술을 마시고, 노래방에서 춤추고 노래하는 풍경들이 확고한 의심이 되었다. 강력한 억측이 되고 지속적인 소문들로 울타리를 견고하게 쳤다. 사랑하는 건 아무 잘못이 없다.

숨 쉬면서 의심을 만들고 기도로 강력한 결속을 다지는 세상의 은혜로운 자들에게는 사랑보다 종교 교리가 중요하다. 그들 의심의 정원에는 온전한 사람이 살지 못한다. 중심과 표준과 관습을 통과한 생기 없는 인간들이 질서 정연하게 서식하고 있을 뿐이다. 도덕과 규율에 사로잡힌 의심들이 병적인 확신으로 비열한 결속력을 갖는다. 하지만 세상은 저들 생각처럼 단순하지 않다. 옳고 그름으로 나뉘지도 않는다. 삶은 복잡하게 얽히고, 인간은 대립하고, 관계는 변화무쌍하다. '인간으로 사는 것에 지친다.(네루다)'

온갖 수상한 의심들로 도배되었던 한반도의 2020년이 저문다. 남북으로 갈라지고, 당파로 갈라지고, 지역으로 갈라져 권력을 탐하느라 깃털만큼의 자비로움도 사라진다. 무자비한 의심들로 한 해가 쓸쓸하게 파묻힌다. 분열과 대립을 지지하는 의심들로 세모歲暮는 가슴 시리다. 셋넷 길잡이인 나는 신부인가 수녀 교장인가. 내 안에는 수녀 교장이 있고, 신부도 정답게 살고 있다.

일 포스티노
일상

오늘 밤 나는 가장 슬픈 시를 쓸 것이다 (네루다)

이태리 남부 아름다운 섬, 시리도록 투명한 원색의 바다에서 어부들이 가난한 그물을 거둬들인다. 어부의 아들 마리오는 배만 타면 어지럽고 육체적 고통을 이기지 못한다. 무료한 삶이 반복되던 어느 날, 칠레의 사회주의 시인 네루다가 임시 망명 거처로 허용된 섬에 찾아든다. 전 세계에서 시인에게 보내오는 우편물을 처리하기 위해 마리오가 임시 우편배달부가 된다.

삐삐 마른 자전거, 허름한 복장, 반듯한 제복 모자, 낡은 배달 가방, 오래된 골목길이 투명한 바다와 교차한다. 시인과 수줍음 많은 섬 청년의 우정이 동화책처럼 펼쳐진다. 시인은 청년의 맑고 순수한 마음의 세계를 고동치는 시의 바다로 이끈다. 마리오가 선술집 주인의 조카딸과 결혼하던 날, 시인은 칠레로 돌아갈 수 있다는 기쁜 소식을 듣는다. 시인이 떠난 섬마을은 다시 무료한 일상으로 돌아간다. 오랜 시간이 흐르고 마리오가 고대하던 편지에는, 남아있는 시인의 짐들을 빨리 보내달라는 비서의 건조한 요청이 담겨 있다.

시인의 녹음기에 담긴 두 사람의 대화를 듣던 마리오는 시인에게 보내기 위해 섬의 파도소리 새소리 바람소리를 녹음한다. 사회주의를 신봉하는 시인 때문에 어설픈 사회주의자가 된 마리오는 자신의 시를 품고 대중집회에 참석한다. 시를 낭독하기 위해 단상으로 가던 중 진압 경찰의 몽둥이에 쓰러진다. 그가 처음이자 마지막으로 쓴 시가 군중들에게 밟힌다.

세월이 지나 선술집을 다시 찾은 시인은 마리오가 죽기 직전 자신에게 선물하려던 섬의 아름다운 소리들을 듣는다. 마리오와 시의 메타포에 대해 이야기하던 바닷가에서 그가 남긴 마지막 시를 떠올린다. 마리오의 시에는 삶에 찌들고 지친 사람들의 발자국 소리가 담겨있다. 아버지의 슬픈 그물 소리가 스며있다.

마리오는 척박한 현실과 삶의 고결함을 연결시킨 삶의 배달부였다. 그가 그려낸 일상의 아름다움은 소박한 꿈조차 품을 수 없는 삶의 고단함을 위로한다. 소중한 것들과 쉽사리 이별하는 세상의 욕심을 정화시킨다.

해가 지날수록 차분해지는 성탄의 밤에 네루다와 마리오가 건져 올린 슬픈 시를 듣는다. 세상과의 소통에 서툴러 부끄럽게 여겼던 옹색한 마음을 보살핀다. 함부로 대했던 일상의 아름다운 모습들을 돌아보며 따뜻하게 안아준다.

월터의 상상력은 현실이 된다
체험

아름다운 순간을 만나면 그 순간에 머물러야 한다

주인공 월터는 질문을 받는다. 당신이 살아온 동안 가본 곳은 어디인가요. 당신이 해본 것들은 무엇인가요. 월터는 16년 동안 잡지에 올릴 사진을 다루고 착실하게 가계부를 기록하며 살았다. 가본 곳과 해본 것이 별로 없다. 상상만 해오던 허전한 일상을 막연하게 더듬는다.

서울에서 태어나 중산층 가정에서 무난하게 살아온 나는 무말랭이 반찬을 좋아한다. 무말랭이 무침을 씹다 보면 철길 너머 비포장 신작로가 떠오르고 널찍한 마당에 다다른다. 마당 빨랫줄에 널려 있던 생무 조각들이 살랑살랑 흔들리는 모습이 보인다. 내 엄마의 고향집 풍경이다.

셋넷 아이들과 속초 바닷가에 놀러 갔다. 아바이마을 순대국을 먹으며 내 아비의 고향 마을이 어찌 생겼을까 궁금해했다. 오장동 함흥냉면집에서 걸걸한 함경도 사투리를 들으면 웬지 푸근했다. 처음 맛보는 가자미식해를 익숙한 음식처럼 먹었다. 내 아버지의 고향 맛일까.

나와 낯선 곳이 오래전부터 연결되어 있다. 지역은 체험의 방이다. 그 방은 온갖 음식과 이상한 말투와 어색한 습관들로 가득하다. 부모의 고향 충청도 천안과 함경도 홍원은 그렇게 나와 생생하게 연결된다. 월터는 상상만 하던 일상을 떠나 용감하게 발을 내딛고 체험한다. 그 순간 월터의 상상은 현실이 된다. 월터를 체험으로 이끈 사진작가는 아름다운 순간을 만나면 인증샷 찍듯이 허겁지겁 담지 말라고 충고한다. '아름다운 순간에 잠시 머물러요.'

셋넷에서 만난 북조선 출신 이주 청소년들의 어릴 적 고향 이야기들이 한 번도 가보지 못한 내 아버지와 할아버지의 고향땅으로 나를 이끈다. 내 가족의 분단을 넘어서려는 상상이 현실이 된다. 우리 모두에게는 기억 속 학교가 있다. 운동장이 있고 교실과 동무들이 맑게 기억된다. 직접 머물렀던 아름다운 순간들은 내 안에서 늙지 않는다. 욕심과 미움 없이 머물렀던 아름다운 순간들이, 일에 쫓겨 가본 곳과 해본 일들 없이 점점 비어 가는 뻔한 현재를 견딜 수 있게 한다.

알면 사랑하게 될까. 우리가 연결되어 있다는 걸 어떻게 실감할 수 있을까. 내 안에서 생생하게 살고 있는 부모의 삶과 조상의 습관들을 알아차릴 수 있다면 외롭지 않을까. 낯선 이방인의 다름을 용납하고 거북스러운 차이들을 받아들일 수 있다면 평화로울 수 있을까. 월터가 상상 너머 마주했던 아름다운 순간들을 만날 수 있을까. 거기 머물며 행복해질 수 있을까.

그랜 토리노
공감

노인을 위한 나라는 분명 있다

일생 동안 자신의 신념을 지키고 산다는 건 축복이지만 고단하고 외로운 길이다. 문득 밤새 꺼지지 않는 모닥불처럼 타올랐던 젊은 시절 열정이 떠올랐다. 꿈을 이루기 위해 비상하던 중년의 길에는 무모한 도전들과 가슴 뛰는 사람들이 뒤엉켜있었다. 초보 노인이 되어 되돌아보는 성찰은 가슴 시리다. 노인은 느릿느릿 만들어진다.

미국 중서부 작은 도시에 완고한 노인이 산다. 중년의 두 아들도 꺼릴 정도로 깐깐하다. 노인은 자유분방한 손주들 복장과 태도가 몹시 거슬린다. 이웃으로 밀려드는 아시아계 이주민들이 못마땅해서 거칠게 침을 뱉는다. 사별한 아내의 부탁으로 고해성사를 종용하는 신부에게 한국전쟁에서 목격했던 삶과 죽음을 전하는 노인은 단호하다.

그가 한평생 직장에서 만들고 애지중지 간직해온 자동차 '그랜 토리노'는 자신이 지켜온 나라와 신념에 대한 긍지와 자랑이다. 노인은 외롭게 캔맥주를 마시며 총으로 무장하고 세상의 무질서를 비난한다. 우연히 옆집 몽족 남매를 곤경에서 구해주고 작은 우정을 건네받는다. 노인은 남매 집에 총탄을 뿌리고 몽족 누나를 폭행한 동네 깡패들의 만행을 용납하지 않는다.

'보수와 진보의 차이는 타인의 아픔에 공감하는 능력 유무에 있다.'(유시민) 그랜 토리노를 사랑하는 노인은 자신의 신념을 굽히지 않고 세상과 타협하지 않는다. 그는 무장한 깡패들을 응징하기 위해 자신의 몸을 내놓는다. 홀로 깡패들의 거주지로 찾아가 그들의 총탄 세례에 쓰러진다.

타인의 아픔에 공감하는 역량으로 진보와 보수를 논한다면 한국에는 제대로 된 진보도 진정한 보수도 찾기 어렵다. 한국산 진보와 보수는 자신과 소속된 패거리들의 권력 욕망을 채우기에 여념이 없다. 타인을 유린하고 약자를 거침없이 이용하는 그들은 동전의 양면에 지나지 않는다. 내가 경험하는 대한민국은 진보와 보수를 사칭하는 양아치들과 공생하는 언론, 법 기술자,

사이비 학자, 종교 마피아들이 사회를 조작하고 집단을 이용하는 기술을 대물림 한다.

아이의 울음과 젊은이들의 웃음소리가 점점 희미해진다. 정다운 노래와 대화가 사라진다. 고소고발이 난무하는 헐벗은 시간과 공간을 살면서 약자를 외면하지 않는 노인의 나라를 그리워한다. 일생을 올곧게 살아오며 축적한 오랜 지혜가 절실하다. 보수면 어떻고 진보면 어떠하랴. 그따위 빛바랜 훈장들은 돼지 목에나 걸어라. '타인에 대한 공감 능력을 상실한 메마른 가슴에 악이 깃들 수 있다.'(이기주, 말의 품격) 참된 노인의 품격을 타는 목마름으로 기다린다.

내 사랑
장애

부족하고 모자란 그녀가 세상에 건넨 평화의 선물

캐나다 해안가 마을에 구부정한 몸과 어정쩡한 걸음을 걷는 가냘픈 여자가 산다. 그녀는 외적 장애 때문에 가족의 애물단지가 되었다. 유일한 보호자였던 오빠는 숙모에게 그녀를 떠넘긴다. 그녀는 버림받고 상처 입은 마음을 그림 그리기에 의지하며 집과 마을에서 왕따로 지낸다.

마을 외딴집에 사는 남자는 벌이가 안 되는 생선을 팔면서 마을의 잡다한 일들을 한다. 고아원에서 글과 셈을 헤아리지 못했다. 가족의 존재도 경험하지 못해서 사람과의 소통은 거칠다. 묵묵하게 고된 노동에 매달리며 고아원 일을 돕는 자신의 모질지 못한 심성에 답답해 한다.

남자의 오두막집은 마을 끝 지평선이 펼쳐지는 비포장 길가에 있다. 너저분한 집안 문제를 해결하기 위해 구인광고를 낸다. 그녀는 숙모의 통제에서 벗어나려고 무작정 찾아든다. 그녀의 장애가 거슬려 내치지만 그녀는 끈질김과 따뜻한 배려로 남자를 굴복시킨다. 그녀 마음속에 품고 있던 동심의 그림들로 허기졌던 오두막은 생기를 띠고 환해진다.

부리 없는 파랑새, 튤립 꽃들과 꿀벌, 노랑나비, 수프로 끓여 먹어 버린 살찐 닭의 그림들로 허전했던 집 안팎 벽과 유리창이 채워진다. 두 사람은 운명적인 사랑에 얽힌다. 물방울 떨어지듯 잔잔하게 번지는 피아노 소리와 일렉 기타 음악이 두 사람의 어색하고 미묘한 감정을 감싼다. 마술처럼 변하는 지평선 풍경, 회색빛 하늘 구름 떼, 보랏빛 노을, 바다를 가르는 방파제를 오가는 사랑의 여정이 그녀가 그리는 그림동화처럼 이쁘다.

그녀는 오래전 낳은 아기를 장애 때문에 죽게 했다는 죄책감으로 힘겨워한다. 죽은 아기에게 사죄하듯 아이 같은 그림을 쉼 없이 그린다. 그녀의 소박한 그림들은 휴가차 마을에 찾아온 뉴욕 미술상의 시선을 사로잡는다. 그녀가 방송에 출연하고 그림을 사려는 관광객들이 몰려들자 타인과의 접촉을 싫어하는 남자와 충돌한다. 위기의 사랑은 자연의 색깔들이 캠버스에 스미듯 인내하며 조금씩 닮아간다.

　남자는 죽은 줄 알았던 그녀의 딸이 장애 없이 잘 살고 있음을 확인시켜준다. 그는 단지 불편했던 그녀의 장애를 불행이라고 생각하면서 거칠고 무례하게 대했던 것을 후회한다. 그녀는 뒤늦게 고백하며 오열하는 그를 다정하게 품는다. 허물어지는 몸을 더 이상 지탱하지 못하고 이별을 준비하며 잔잔하게 고백한다. '난 사랑받았어요.'

　최소한의 배울 권리조차 구걸하기 위해 무릎을 조아려야 하는 이 나라의 장애는 저주에 가깝다. 지독한 전염병으로 단정 짓는다. 그녀의 장애는 차별을 당연하게 생각하는 편견 가득 찬 세상의 '(비)정상'들에게 분노와 미움으로 화답하지 않는다. 마음 속 평화를 액자에 담아 건넨다. '난 사랑받았어요.' 그녀의 이름은 모드(MAUDIE)다.

작은 신의 아이들
소통

한 번뿐인 인생이다 착한 척하지 마라

두 눈 감고 바람결에 흐느끼듯 춤춘다. 남들 시선은 아랑곳하지 않고 춤춘다. 그녀는 멋진 남자와 데이트 중이다. 우아한 식사를 마치고 댄스 음악이 흘러나오자 연인들이 홀에서 춤춘다, 여자가 먼저 춤을 청하지만 남자는 우물쭈물한다. 엉거주춤 춤추던 남자는 여자가 뿜어내는 황홀한 춤에 취해 그녀의 춤추는 모습을 바라만 본다.

춤추던 그녀는 말하지 못하고 소리도 듣지 못하는 장애인이다. 장애인학교를 졸업한 뒤 학교에서 잡일을 한다. 넋을 잃고 춤을 지켜보던 남자는 이제 막 부임한 장애인학교 교사다. 그는 그녀의 길들여지지 않는 순수함에 끌린다. 둘은 사랑에 빠진다.
 그녀는 바흐의 음악을 들으며 행복해하는 그의 모습을 물끄러미 쳐다본다. "내게 바흐 음악을 보여줘요."

남자는 고집스럽게 자기 방식으로 표현하는 그녀를 정상인들의 소통 세계로 끌어내려 시도한다. 그녀는 자신이 지켜온 소통 방식을 놓지 않는다. 완강한 그녀와 헤어진 남자는 한 밤중 수영장 물속에서 소리가 끊어진 세계의 소리를 듣고자 애쓴다. 두 사람은 소리와 정적 너머 제3의 소통방식을 찾아 나선다. 참된 사랑의 방식이다.

분단의 땅에서는 탈북해서 우리 곁에 온 사람들을 북한 사람이라는 이념의 틀에 가둔다. 저들이 쓰는 말과 표현들을 이상하다고 수군댄다. 영화의 주인공 남녀가 비껴갔던 사랑의 방식을 강요한다. 상대방을 자기 스타일과 방식으로 길들이려고 한다. 자신에게 익숙했던 습관과 문화적 관습을 누군가 일방적으로 관리하고 조작하려 한다면 어찌해야 하는가.

우리에게 익숙한 고향 말들이 있듯이 저들에게도 편안한 동네 말이 있다. 우리에게 어린 시절을 떠올리는 향수 음식이 있듯이 저들에게도 눈물겨운 엄마의 음식이 있다. 내 가족을 기억하게 했던 독특한 언어의식이 있듯이, 가혹한 환경에서도 저들 생명을 지키던 끈끈한 표현방식들이 분명 있다. 영화 속 그녀가 보고 싶어했던 바흐음악처럼 저들의 생의 음악을 귀담아들어야 하지 않을까.

사랑의 감정으로 춤추던 그녀의 몸짓에 사로잡힌다. 셋넷 아이들이 창작극 공연에서 추던 춤을 떠올리며, 자신이 동의한 적 없는 기득권 집단의 차별적 시선에 쫄지 않기를 바란다. 자신들 삶에 군림하려는 권력에 위축되지 않고 자기다운 몸짓을 펼치기를 기도한다. 새해엔 누군가를 위해 내 몫의 삶을 미루지 말자. 내게 주어진 삶을 축복하는 행복한 춤을 추자. 나를 사랑하는 노래를 거침없이 부르자. 한 번뿐인 인생이다. '자세히 보아야 예쁘다. 오래 보아야 사랑스럽다. 너도 그렇다.(나태주, 풀꽃)'

굿 윌 헌팅
상처

니가 진정으로 원하는 게 뭐니

내가 구체적으로 욕망한다는 것은 '내가 원하는 게 바로 나다.'라는 것이라고 철학자 강신주가 이야기한다. 나답게 산다는 건 치열한 자기 사랑이다. 자기를 사랑한다는 건 자기 감정을 잘 살피고 생생하게 살려내는 것이다. 하지만 삶의 굴곡들로 상처 받은 일상의 감정들은 쉽사리 잊히지 않는다. 셋넷에서 만난 청소년들은 기억하고 싶지 않은 어린 시절 멍든 감정들로 힘들어했다.

주인공 윌은 사랑 앞에서 매번 주저하고 돌아선다. 윌은 하루살이 인생처럼 사는 동네 친구들과는 어울리지 않는 천재적 재능을 품고 있지만 분노와 폭력 속에 숨으려 한다. 어린 시절 이붓아버지의 반복된 폭력 때문에 일그러진 마음의 상처가 그를 거짓된 삶에 가둔다. 윌은 자신이 지닌 비범한 능력으로 자신에게 상처를 준 세상 아버지들을 비웃고 조롱한다.

월은 유명대학 청소부로 취직해서 난해한 수학 문제를 몰래 해결한다. 이를 발견한 수학교수와 일하지만 중독된 폭력성이 천재를 사랑하는 이들을 괴롭힌다. 마지막으로 나선 상담교수는 과거에서 비롯된 아픔과 현재의 상처들을 정면으로 바라보게 한다. 월이 천재성을 통해 습득한 지식의 허구성을 단호하게 파헤친다. 추상적이고 비정한 월의 지식이 닿지 못한 '소통을 위한 감성'을 돌아보게 한다. "니가 진정으로 원하는 게 뭐니?" 월의 상처에게 묻는다.

월은 사랑의 손길을 건네는 여자를 차갑게 외면한다. 자신이 버림받았던 기억 때문에 서둘러 이별한다. 오래전 상처 받아 피폐해진 자기 안의 초라한 감정들을 마주하기 힘들었기 때문이다. 상담교수는 매순간 도망치는 월에게 묻는다. "니가 구체적으로 욕망하는 게 뭐니? 니 감정을 한 번이라도 되살펴봤어? 지독하게 이기적으로 자기답게 살아봤니?"

월은 용기를 내어 상담교수의 질문에 진지하게 응답한다. 더 이상 회피하지 않고 쓸쓸했던 자신과 마주한다. 자신을 돌보는 삶을 시작한 것이다. 아직 사랑할 것이 있다면 살만한 거다. 시대가 빠르게 변한다. 시대를 살아내는 직업을 뒷받침하는 역량도 달라졌다. 단순한 기술의 문제가 아니다. 이 시대는 기술이 도달해야 할 지점의 감성을 읽어내는 센스를 요구한다. 주어진 시간과 공간의 최대치 효율을 내세우기에 앞서, 시간과 공간을 이어 줄 소통의 공감능력이 필요하다. 적당히 적응하고 끝없이 인내하는 게 아니다. 자신을 부끄러워하지 않는 자존감으로 한 땀 한 땀 채워가는 창조적인 에너지가 오늘을 행복으로 이끈다.

착하기만 한 당신에게 묻는다. 그대가 진정으로 원하는 게 무엇인가. 가슴 사무치도록 욕망하는 게 대체 뭐지?

웃는 남자
상처2

숲의 바람소릴 들으러 지금 당장 떠나야 한다.

선생님이 보시면 좋아하실 거라고 철이가 영화를 권한다. 녀석과의 밀회가 잦다. 혼자 밥 먹기 싫어서, 혼자 술 먹으며 중얼대기 볼썽사나워서, 혼자 산책하기 심심해서, 이런저런 핑계를 이유로 녀석을 호출하지만 싫은 내색을 하지 않는다. 이상한 영화 제목에 끌렸다. 마당 넓은 집 우물 마르듯 웃음기가 조금씩 메말라가는 걸 느꼈다. 갑작스러운 부모와의 잇단 이별이 실감 나지 않았다. 2004년부터 시작한 셋넷의 항해가 정박할 항구를 찾지 못하고 떠돌았다. 함께했던 동료들과 제자들이 하나 둘씩 사라진 빈자리들이 허전했던 것도 웃음을 낯설게 만들었다.

〈웃는 남자〉는 빅토르 위고의 원작을 영화로 만들었다. 주인공 남자는 아동 인신매매단에 팔려가 양 쪽 입가를 흉측하게 찢긴다. 늘 웃는 모습이 되어 마을과 장터를 떠돌며 기괴한 웃음거리가 되지만 후작의 아들이었다는 기막힌 사연이 밝혀진다. 영화는 빅토르 위고가 마주했던 19세기 프랑스 왕족과 귀족사회의 위선과 뻔뻔함을 고발한다. 매일매일 상처투성이 웃음으로 살아가야 하는 사람들의 삶이 계속되는 시대의 절망을 드러낸다.

웃는 남자는 후작의 신분을 되찾는다. 자신을 어처구니없는 운명으로 조작한 의회에서 회심의 연설을 한다. 억지로 바보처럼 웃어야 했던 자신의 모습이 레미제라블(비참한 사람들)이라고 고발한다. 레미제라블 백성이 주인이 되는 시대가 올 것을 예언한 뒤 장마당으로 돌아간다. 그곳에는 상처 받은 장님 애인이 그와의 행복한 추억을 등불 삼아 생을 마감한다. 주인공 웃는 남자는 세속의 권력과 유혹에 빠져 그녀를 저버렸던 자신을 책망한다. 그녀를 따라 첫 키스의 장소인 강물 속으로 빠져든다. 평화로운 웃음으로 온몸을 채운다.

고단했던 삶으로 상처 가득했던 그녀가 긴 시간여행을 지나 우리에게 애절하게 요청한다. 눈멀고 볼품없는 그녀가 국민을 제 입맛에 맞는 방패로 삼아 이전투구를 벌이는 21세기 대한민국 정치 왕족과 자본 귀족들에게 간절하게 손짓한다. '낡은 마차의 기억, 곰 가죽 위에서의 잠자리를 고스란히 품고 있는 숲의 바람 소릴 들으러 우리, 지금 당장 떠나야 해요.' 눈먼 그녀를 따라 이별과 상실감으로 길을 잃고 헤매는 나와 셋넷이 숲을 찾아 떠난다. 조급함을 내려놓고 세속의 유혹을 흩날릴 숲의 바람 소리를 듣는다. 단절과 의심들로 길이 끊어진 지금 여기에서 다시 새 길을 찾는다.

그건 그렇고, 당신은 지난주에 몇 번이나 웃었나요. 온몸으로 웃었던 적이 지난 달인가, 혹시 웃었던 기억이 없는 건 아닌가요?

―――――
영화 '웃는 남자'를 권했던 철이가 다녀갔다. 열네 시간의 야간 일을 마치고 충주에서 남원까지 오는 길이 산티아고 가는 길에 비길까. 아이들 올망졸망 커가고 믿었던 마누라가 자꾸만 낯설어지던 철이 나이 시절, 나도 누군가의 품 안에서 이유 모를 눈물을 쏟았다. 그의 아내는 셋넷 시절 무대와 기숙사를 사로잡던 마돈나였다. 그녀는 배달의 남편 철이를 통해 텅 빈 남원셋넷 냉장고를 가득 채웠다. 인형 같은 그녀가 뿜어내는 통 큰 배포는 분단 조국의 아픔을 떠올린다. 철이는 고단한 하루 밤을 보내고 떠나며 쭈빗쭈빗 봉투를 내밀었다. 아랫사람에게서 받은 생애 첫 세뱃돈이다. 살아보니 복은 눈물겹다. 그저 몸과 마음 평화롭게 새 날들을 맞이하면 족하다.

크로싱
이방인

대체 뭣이 중한가 참말로 중한 게 뭐신가

바람이 분다. 길 잃은 아이 하나 터벅터벅 걸어간다. 모래바람 몰아친다. 노을 지는 하늘은 곱기만 한데 아이는 숨을 놓는다. 슬퍼할 무명의 들꽃 한 송이 보이지 않는다. 지친 영혼 뉘일 때 더 이상 고통 받을 것 없는 아이 위로 별들이 반짝인다. 아이가 좋아하던 축구공과 축구화를 품에 안고 몽골로 찾아든 탈북자 아버지는 싸늘하게 굳어버린 아들의 몸을 어루만지며 오열한다. 아들의 한 줌 몸 가루를 챙겨 비행기에 오르자 마른하늘에서 비가 쏟아진다. 유난히도 비를 좋아했던 아들이 슬픔에 젖은 아비를 위로하는 것이리라. 영화 〈크로싱〉의 마지막 장면이다.

함경도 탄광의 고단한 일상에서도 단란하게 살아가던 가족에게 죽음의 그림자가 드리운다. 아내가 폐결핵에 걸린 상태에서 두 번째 아이를 잉태하지만 치료할 약이 없다. 남편은 약을 구하기 위해 무작정 강을 건넌다. 약을 사기 위해 위험천만한 불법 취업을 한다. 중국 공안에 쫓기다 모아두었던 돈마저 잃어버리고 가난한 희망조차 산산조각이 난다. 인터뷰를 하면 돈을 준다는 탈북 브로커(중개인)의 유혹에 끌려 중국 주재 외국 대사관에 무작정 난입한다. 기획탈북 과정이 TV로 생생하게 방송되고, 남편은 다시는 고향으로 돌아가지 못한다.

아내는 결혼반지를 아들에게 맡기고 고단한 삶을 놓아버린다. 아이는 쉽게 버려지고 두만강을 건너다 잡혀서 수용소에 갇힌다. 조국을 배신한 아빠의 아들은 수용소에서 천천히 소멸된다. 뜻밖의 상황 때문에 원하지 않았던 한국에 오게 된 남편은 다락방에서 새우잠을 자면서 가족과의 재회를 꿈꾼다. 아내를 살릴 약은 고향에서는 구할 수 없었고 중국에서는 살 돈이 없었지만, 남한에서는 보건소에서 무료로 준다는 사실에 북조선에 없는 하느님을 원망한다. 아빠는 희망을 놓지 않는다. 그가 보낸 뇌물(돈)로 수용소를 빠져나온 아들은 아빠를 만나기 위해 머나먼 길을 떠난다. 몽골 국경에 닿았지만 들이닥친 국경수비대 때문에 탈북자 일행에서 떨어져 혼자가 된 어린 아들은 몽골

사막을 헤매다 숨을 거둔다.

영화를 함께 보던 셋넷들은 온몸이 눈물로 젖어들었다. 심장 깊숙한 곳에 구깃구깃 품었던 날것의 기억들을 마주하며 온몸을 떨었다. 녀석들을 따라 울지 못했다. 그들의 슬픔을 감상적인 연민으로 욕되게 할 수 없었다. 피자를 먹으며 비 오는 거리를 한가롭게 바라보는 남한의 아빠와 아들이, 비 맞으며 축구하는 북조선 아빠와 아들의 기분을 헤아릴 수 있을까. 그들 몸은 펄펄 살아있고 비를 뚫고 환하게 빛난다. 가난한 일상은 비참하지만 가난한 아빠와 아들이 나누는 사랑은 가난하지 않다. 자기 인생과 상관없는 사람들 눈치나 보면서 열등감과 허무한 경쟁으로 가족사랑을 채우는 영혼들이 참말로 가난하지 않은가?

더티 프리티 씽
이방인2

근사한 나라 보이지 않는 사람들

사람의 장기臟器를 몰래 사고파는 영국 수도 런던에 불법 체류 남자와 불법 이주 노동자 여자가 한 집에서 산다. 남자는 불순한 호텔에서 심야 프런트를 지킨다. 호텔에서는 불법 체류자들의 장기를 몰래 수술하고 대가로 합법적인 여권을 건넨다. 여자는 악마의 거래가 남긴 호텔방의 흔적을 청소한다. 두 사람은 낮과 밤 교대로 작은 숙소에 숨어든다.

남자는 잠을 줄이기 위해 이상한 풀을 먹고 낮에는 삐끼 택시를 몬다. 처지가 비슷한 이방 사람들의 잡다한 문제를 해결해주며 고향 나이지리아에 맡겨둔 딸을 만나러 갈 돈을 저축한다.

여자는 엄마처럼 살고 싶지 않아 터키 집을 떠났다. 그녀는 불안한 여정의 종착역이 될 꿈의 나라 미국 뉴욕에 가기 위해 안간힘을 쓴다.

불법으로 살며 존버(존나게 버티는) 정신으로 지탱하는 이 방인 노동자들의 꿈은, 풍요로운 도시를 지탱해주는 은밀한 에너지다. 불멸의 나이지리아 사자들과 천상의 터키 처녀들이 엮는 우정과 사랑은 근사한 나라가 선사한 악어의 눈물일 뿐이다.

저들의 고마움에 보답하기 위해 사장의 물건(?)을 빨아야 하고, 꿈을 지탱하기 위해 몸의 일부를 팔아야 한다. 근사한 나라에서 생존해야 하는 이들은 보이지 않는다. 불법으로 체류하고, 불법으로 차를 몰고, 불법을 청소하는 이들은 보여서는 안 되는 사람들이다. 손쉽게 소모되고 별 저항 없이 교체된다.

먼 나라 영국 런던 이야기는 셋넷에 낯설지 않다. 사자의 나라 나이지리아 대신에 장군님 나라 북조선 회령을 대입시키고, 처녀의 나라 터키는 존버의 나라 중국 변방 연길을 떠올리면 된다. 근사한 나라 영국 런던 자리에는 열등감과 차별의 땅 대한민국 서울이 잘 어울리지 않을까. 셋넷 아이들에게 영국 런던은, 불법 체류자들이 장기를 팔아서라도 가고자 하던 꿈의 나라 뉴욕이다.

가난으로 굶주리고 감시와 통제로 숨 막히는 집을 떠난 불법의 존재들은, 보이지 않는 사람들이 되어 마침내 근사한 나라 대한민국에 도착했다. 하지만 동포의 나라가 종착역이 되지 못했다. 또다시 고달픈 길을 바삐 떠나야 했던 이유를 그땐 헤아리지 못했다. 자유롭고 안전하고 잘 사는 민족의 나라를 외면하는 까닭을 몰랐다. 셋넷 이방인들의 보이지 않았던 설움과 애환이 이제사 어렴풋하게 보이는데... 늦어버린 것은 아닐까.

겨울숲

행복했던 기억이 별로 없는 셋넷들과 행복한 시간 속에 머문다. 무시무시한 철조망도, 서슬 퍼런 이념의 사슬도 우리들의 행복한 시간을 가둘 수 없다. 셋넷들과 생생하게 느끼는 행복한 시간을 당신들에게 선물한다. 그러니 부디 안녕, 행복한 시간들!
두려워말기를.

국제시장
이별

우린 모두 연결되어 있다

불멸의 전사였던 내 아버지는 고등학교 1학년 때 6.25 전쟁을 겪었다. 싸움은 멈췄지만 조상들의 땅 함경남도 홍원에 다시는 가볼 수 없었다. 분단으로 남겨진 배고픈 형제들 때문에 하고 싶었던 공학도의 삶을 접었다. 영화 〈국제시장〉은 함경남도 함흥 부둣가에서 가족들이 생이별하는 울부짖음으로 시작한다. 주인공은 아버지를 잃고 어린 가장이 된다. 생소한 부산 시장바닥에서 살아남기 위해 하고 싶던 공부조차 동생들 몫으로 양보해야 했다.

그가 선택할 수 있었던 건 독일 광부의 길이었다. 그 길은 너무 멀고 끔찍했다. 아득한 나라의 땅 속을 파헤치며 말도 통하지 않는 사람들의 안락함을 위해 두더지가 되어야 살아남을 수 있었다. 탄광사고를 당한 뒤 겨우 목숨을 부지하고 귀국한다. 순

탄할 것만 같았던 평범한 생활은 한여름 밤 꿈처럼 지나간다. 가족을 지키겠다는 아버지와의 약속을 저버리지 않기 위해 머나먼 월남 죽음의 전쟁에 뛰어든다.

가족을 지키기 위해 가족을 떠나야 하는 고개 숙인 남편을 부여잡고 부인은 절규한다. 당신 인생인데 왜 거기에 당신은 없느냐고. 때마침 국기 하강식이 시작되고 남편은 기계처럼 일어나 국기를 향해 거룩한 예를 갖춘다. 아내는 못마땅한 표정으로 쳐다보는 낯선 노인네의 섬뜩한 시선에 마지못해 일어서지만 아내의 모습 어디에도 소망이 보이지 않는다. 거대한 국가조직의 하잘 것 없는 부속품 개인이 가질 수 있는 권리는 순종뿐이었다.

온 가족이 모여 오순도순 온기를 지피고 있을 때, 가족을 지키느라 어느새 늙어버린 아버지는 흥남부두에서 헤어진 아버지를 그리워한다. "아버지, 아버지와의 약속을 지키느라 정말 열심히 살아왔네요. 그런데 너무 힘이 들어요." 아버지는 깊은 동굴 같았던 마음속 울음을 터뜨린다.

때와 장소를 가리지 않고 국민을 옥죄는 태극기와 국가가 개인의 꿈과 선택을 용납하지 않던 시절이었다. 흔해 빠진 사랑과 가슴 저미는 이별 따위 없이도 슬픈 시절 아닌가. 삶과 죽음의 생존 길을 눈물조차 감추고 떠나야 했던 우리 아버지들의 사랑과 이별 풍경이다. 어디로 향하는지도 모를 운명의 길을 무작정 가야만 했던 아버지들은 실체 없는 고독한 그림자들이었다.

영화가 주는 어색한 시간이동 장치들과 거북한 우화적 연출에도 불구하고 영화 내내 눈물에 젖을 수밖에 없었다. 유언 한마디 남기지 못하고 떠나신 내 아버지의 삶이 영화 곳곳에서 어른거렸기 때문이다. 아버지는 왜 당신 인생임에도 마지막 떠나실 때까지 당신의 자리 한 뼘 없었을까.

아버지가 월남전에 참전했을 때 네 살이었던 나는 서울 약수동 시장을 아장아장 누비고 있었다. 그때 아버지는 알았을까? 하등 상관도 없는 남의 나라 싸움에 왜 자신이 목숨을 걸어야 했는지를. 전투 중대장으로 참가한 아버지는 삶과 죽음을 바삐 오갔고, 그때마다 엄마는 철부지 어린 자식 둘을 품고 함께 죽고 행방불명이 되는 삶을 반복했다. 다행히 사지 멀쩡한 상태로 가족에게 돌아올 수 있어서 해피엔딩이라 할 수 있을까.

돌아가실 때까지 아버지 몸속에는 녹슬지도 않은 사자(死者)의 파편 조각들이 어지러이 기생하고 있었다. 아버지가 침묵 속에서 평생 묻어두었던 삶을 내가 살아간다. 그렇게 세상의 아버지들과 자식들이 연결된다. 나를 나답게 살도록 여건과 역량을 만들어주신 아버지가 그립다.

라스베가스를 떠나며
서울, 남조선의 평양

있는 그대로의 사랑을 위하여

술 때문에 아내와 아들이 떠난 것인지, 그들이 떠난 뒤에 알코올 중독자가 되어버린 것인지 헷갈리는 주인공은 절망하지 않는다. 직장을 잃고 자기가 소유한 것들을 남김없이 라스베가스의 술병 속으로 소멸시키면서도 좌절하지 않는다. 치료를 받아야 한다는 의사의 권유를 거절하고 길들여진 삶에 저항한다.

그는 마지막 싸움터로 정한 라스베가스에서 한 여자를 만난다. 그녀를 창녀 천사라고 부르며 격렬하게 키스를 퍼붓지만 이 영화는 사랑에 관한 영화가 아니다. 그들은 사랑하지 않는다. 전쟁터의 하늘처럼 붉게 물든 라스베가스의 하늘 아래서 끈적거리는 남자의 정액을 씻고 알코올 냄새에 쩔어버린 육신을 서로 의지할 뿐이다. 외롭고 지친 영혼들을 기대고 있을 뿐 그들은 사랑하지 않는다.

라스베가스의 사랑은 사랑을 이용하고 사랑의 영혼을 배신하지만, 그들의 사랑은 아무것도 요구하지 않는다. 사랑의 몸을 탐하지 않는다. 사랑의 이야기를 목말라할 뿐이다. 대가나 보상 없는 사랑의 눈짓에 머물고 싶어 한다. 곁에만 있어 달라고 애원한다. 있는 그대로의 서로를 지켜주고 무작정 기다린다. 서로를 욕망의 노예로 만들지 않는다.

그건 라스베가스의 사랑이 아니다. 서울의 사랑이 아니다. 주인공 알코올 중독자는 조건 없이 자신을 지켜주었던 창녀 천사를 바라보며 힘겹게 지고 있던 세상 짐을 내려놓는다. '난 단지 있는 그대로의 그를 지켜주고 사랑했다.' 창녀 천사의 목소리가 들린다. 해맑게 웃는 주인공 알코올 중독자의 모습이 스크린에 번진다. 그는 행복하게 라스베가스를 떠난다.

우리는 서울을 떠나지 못한다. 제각기 소망하는 의미들 밖으로 내팽겨진 나를 외면하기 때문이다. 영혼을 끌어서라도 대박 나는 인생을 꿈꾸는 내 안의 창녀를 참회하지 않기 때문이다. 나와 당신은 오늘도 서울에 머문다. 지겹게 복제되고 차갑게 박제된 서울을 정처 없이 떠다닌다. 날마다 절망하면서, 날마다 머리로만 입술로만.

원더풀 라이프
선택

내 삶이 누군가의 행복일 수 있다면...

천국

음침한 건물로 사람들이 모여든다. 남자와 여자, 노인과 청년, 중년의 남녀와 어린아이까지 모두 표정이 없다. 그들은 이곳에서 일주일의 시간만이 허락된다. 제한된 시간에 하나의 선택을 해야만 한다. 살면서 가장 소중했던 인생의 추억 하나를 스스로 기억해야 영원한 세상으로 떠날 수 있다. 그들 모두는 죽은 이들이다. 다음 세상으로 가기 위해 잠시 머물고 있다. 중년의 남자가 묻는다. "하나를 선택하면 나머지 기억들은 모두 다 잊을 수 있나요? 기억에서 지울 수만 있다면 천국이 맞네요."

행복

이 곳에서 죽은 사람들이 기억을 되살리도록 돕는 도우미들이 있다. 그들은 끝내 하나의 기억을 선택하지 못한 사람들이다. 그들은 영원한 시간으로 떠나지 못한 채 이승과 저승의 경계를 서성거린다. 그들 중 전쟁터에서 죽은 젊은이는 70대의 죽은 노인을 만나 인터뷰한다. 노인이 자신이 전쟁터로 향하기 전에 사랑했던 약혼녀의 남편이었다는 것을 알게 된다. 약혼자였던 노인의 아내가 죽은 뒤에 이곳에 와서 선택한 이승에서의 마지막 기억이 자신과의 추억이었다는 기록을 발견한다. 젊은이는 마침내 확신에 찬 눈빛으로 영원한 시간으로 떠난다. "50년 전 나는 누군가의 행복이었어."

선택

죽은 이들의 선택을 돕는 10대 소녀는 전쟁으로 목숨을 잃은 젊은이를 남몰래 사랑한다. 그에 대한 애틋함이 차오를 때마다 따뜻한 욕조에 몸을 담그고 담담해지려 애쓴다. 짧았던 이승에서 인연을 맺었던 사람들이 하나 둘 자신을 떠났던 아픈 기억들로 뒤척인다. 그녀는 어떤 선택도 할 수 없었다. 행복한 순간을 찾아 영원한 시간으로 떠나는 젊은이를 아쉬워하면서도 선택할 수 없는 자신을 후회 없이 감싼다. "나는 선택 안 해. 또다시 잊히는 게 두려워."

떠남

  초라한 화면과 무표정한 사람들의 덤덤한 인터뷰가 반복되는 영상에 하품을 하며 몸을 비틀다가 문득 내게 묻는다. 어느 날 갑자기 선택해야만 한다면, 살아온 날들에서 가장 소중한 기억 하나를 선택해야 한다면, 어느 순간을 기억할 수 있을까. 어떤 삶의 사건 하나를 떠올리게 될까. 저들처럼 영원한 시간으로 떠날 수 있을까. 더 늦기 전에 내 삶이 누군가의 행복일 수 있다면…

말죽거리 잔혹사
삶의 이유

홀로 걸으라 그대 행복한 이여!

시커먼 교복, 삐딱한 모자, 숨 막히는 교실, 난무하는 교사의 폭력, 수컷들의 영역다툼, 어쩌지 못하는 성적 욕망, 닫힌 교문과 열린 담벼락, 단발머리 여학생과 분식집 아줌마. 영화에 빠져들며 가슴이 저려온다. 그때 그 시절 말죽거리 고등학교에 내가 있었다.

코로나가 덮치기 전 방문했던 입시학원 풍경이 떠올랐다. 밤 10시가 넘은 시간인데도 학원은 발 디딜 틈이 없었다. 중학교 3학년 학생들이 뒤엉켜 바글거리고 있었다. 자정 너머까지 수업을 듣고 겨우 집으로 돌아간단다. 그 시각까지 거기에서 영문 모를 공부를 해야 하는 이유를 되묻는 아이들이 몇이나 될까. 자신들이 가는 길이 어디로 향하는지 알고 있을까. 자신들이 살고 싶은 삶의 모습을 잠시라도 상상해볼까.

영화 속 암담했던 학교에서 청소년 시절을 보냈던 나와 고뻴이들도 자신들의 꿈을 묻지 않았다. 가고 싶은 나라를 그리워하지 않았다. 벌거벗은 금발 여인의 사진을 몰래 훔쳐보며 군바리 교련교사의 몽둥이를 잊었다. 이소룡의 기괴한 몸짓 발짓으로 발광하며 막막했던 미래의 두려움을 숨겼다. 진추하의 노래에 취해 자위를 하고 은광여고생들 주위를 배회했다. 말죽거리 외딴 학교를 채웠던 일그러진 풍경은 80년대 초 절망의 시대 잔혹한 풍경이었다.

우울했던 풍경을 떠올리며 왜 가슴이 저렸을까. 이제 다시 돌아갈 수 없는 생의 다리 앞에서 마주친 애틋한 그리움이었을까. 첫사랑이 불쑥 찾아와 다정하게 멱살을 흔들 때 느끼는 허무함이었나. 오십견에 시달리는 말죽거리 옛날 학생에게 묻는다. '네 삶의 질주가 향하는 곳이 어딘지 아니?'

중경삼림
정체성

우리의 꿈과 사랑엔 유통기한이 없다

　내 안에 있는 또 다른 나를 만난다는 것은 거룩하고 성스럽다. 감추고 싶은 또 다른 나를 받아들일 수 있을 때 타인을 사랑할 수 있다. 생존에 지친 여자와 삶에 허기진 남자가 빈 술잔처럼 모텔로 향한다. 여자가 깨어나길 기다리며 남자는 두 편의 영화를 보고 네 접시의 샐러드를 먹어 치운다. 여자의 구두를 벗겨 자신의 넥타이로 깨끗이 닦아 놓는다. 남자는 오늘 파인애플을 좋아하던 자신이 내일은 무엇을 사랑하게 될지 모른다. 막막한 심정으로 비 퍼붓는 새벽을 정처 없이 걷는다.

　그 시각 금발의 외국인 남자가 홍콩 여자에게 금발의 가발을 씌우고 성폭력을 가한나. 깨끗해신 구두를 신고 바라보닌 여자는 남자에게 총알을 박는다. 여자는 홍콩의 빗길을 나서며 금발 가발을 벗는다. 그녀는 '감정 배후에 있는 두 겹의 욕망, 두 명의 여자'(푸르른 틈새, 권여선)를 감추어 주던 가발을 버린다. 금발의 꿈으로 분열되었던 자신의 욕망으로부터 자유로워졌지만 검은 선글라스는 끝내 버리지 못한다. 공허한 자신을 마주할 자신이 없었던 걸까.

떠나간 애인을 기다리며 날마다 테이크아웃 음식을 먹는 또 다른 남자가 있다. 거리 음식점에서 팝송(캘리포니아 드림)을 시끄럽게 틀어놓고 그를 훔쳐보던 여자는 남자의 집에 우연히 숨어든다. 여자는 남자가 독백으로만 기억하는 스튜어디스 애인을 동경하며 남자의 집을 새 것들로 몰래 꾸민다. 금붕어를 사다 넣고, 양치질 컵을 바꾸고, 낡은 수건을 갈아 치운다. 하지만 떠난 임을 기다리던 남자는 신선한 정어리 통조림을 먹으면서도 현재의 사랑을 느끼지 못한다. 남자의 기다림은 구체적이지 않고 과거의 기억을 반복한다. 남자의 기다림은 블랙커피처럼, 콜라처럼, 거리의 피자 조각처럼 가볍게 소비된다.

남자는 자신에게 신선한 음식을 주고 집을 꾸며주었던 그녀가 사랑의 실체였음을 뒤늦게 알아차린다. 그녀가 사다 놓은 옷을 입고 그녀를 만나기 위해 캘리포니아 카페로 향하지만 그녀는 이미 떠난 뒤였다. 그녀가 남긴 종이에는 직접 그린 비행기 티켓이 빗물에 번져 목적지를 알아볼 수 없다. 홍콩의 만남은 내일을 기약할 수 없는 약속처럼 불안하고 불확실하다. 서울의 사랑은 일회용 캔 안에 채워진 방부제 꿈들처럼 유통되지 않는다. 평양의 꿈은 깡통 뚜껑에 선명하게 찍혀 있는 유통기간처럼 가엽다. "그거 사지 마세요. 기한이 지났어요." "그런 걸 왜 팔아요?" "기한이 지난 것들 때문에 골치 아파요."

내게 따뜻한 식탁을 차려주고 철 지난 옷을 염려하는 그녀가 사랑의 실체임을 알아차린다. 우리가 가슴 벅차게 그렸던 티켓의 목적지는 선명하지만 아직 그 꿈터가 남아있을까, 거기에 우리 함께 도달할 수 있을까. 당신의 사랑과 나의 꿈은 유통 기한이 지난 것들일까, 아직 남은 것들일까.

댄서(세르게이 폴루닌의 춤)
정체성2

댄서의 순정

도약한다.
사내는 순간을 기억한다.
그게 바로 나다.

사내는 굴복하지 않는다.
낡아 빠진 감정에 머물지 않고
날것으로 걷는다.

사내는 규칙과 패턴을 거역한다.
근친近親에 얽매이지 않는다.
그가 바로 나다.

매번 마지막 춤을 추고
처음 사랑으로 뒤척인다.
그때로 돌아갈 수 있을까

편견과 정답게 춤춘다.
길들임 거부하는 몸짓으로
그게 바로 나다.

갈라진 사람들 갈 수 없는 나라
그와 내가 품었던 꿈으로
다시 깨어날 수 있을까

자산어보
설렘

벗을 깊이 사귀면 내가 더 깊어진다

20년 넘게 공무원 생활을 한 수진이가 책(2050년 공원을 상상하다, 한숲)을 냈다. 그의 업무에 대한 상상력과 창조력은 수동적이고 복지부동하는 철밥통의 늪에서 버텨야 한다. 200년 전 정조가 어찌 알았을까. 시대를 앞서는 신하에게 부디 버텨서 후일을 도모하라 이른다. 왕의 뜻을 몸으로 새긴 정약전은 배교를 해서라도 살아남아 뜻을 이루고자 한다.

공무원은 국민을 위한 국가정책을 충실하게 이행하는 공복인가. 200년 전 공무원은 국민을 논밭 삼아 죽은 자와 갓난아이에게도 무자비하게 갈취했다. 권력의 하수인으로 부와 권세를 거머쥐고 군림했다. 흑산을 떠나 입신양명立身揚名 하고자 했던 어부 창대에게 약전은 일침을 놓는다. "공부 좀 했더니 권력도 얻고 싶고 재물도 탐이 나더냐?"

형제는 서학으로 불리던 천주교 평등 교리에 감화되어 유배를 떠난다. 남도의 갈림길에서 시를 나누며 애틋한 정과 막막한 심경을 어루만진다. 당시 한양에서 강진 유배는 땅 끝으로 밀려 잊히는 것이다. 동생은 뭍에서조차 떠밀려 망망 바다 섬 흑산으로 유배 가는 형이 안타깝다. 안개 자욱한 길로 흩어지는 형 약전은 무심하게 아우 약용을 위로한다. "낯선 곳으로 가니 설렙니다."

공부 글과 안부 시로 오가는 형제의 우의는 맑고 푸르다. '벗을 깊이 사귀면 내가 더 깊어집니다.' 흑산의 낯섦에 대한 약전의 설렘은 미사여구가 아니다, 양반이자 학자이면서 천민인 어부들에게 궁금함을 감추지 않는다. 200년 전 단단했던 유교 질서를 떠올린다면 약전이 〈자산어보〉를 채워가는 과정은 가히 혁명적이다.

흑산 청년 어부 창대는 약전을 핀잔한다. 뭐땜시 냄새나는 생선에 쓰잘 데 없는 관심이 많냐고. 약전이 답한다. "질문이 공부다. 외우는 공부가 나라를 망쳤어." 영화는 단박에 200년의 시공간을 훌쩍 뛰어넘는다. 뒤통수를 후려쳐서 정신이 번쩍 들게 한다. 질문이 사라진 나라에서 설렘은 먼 나라로 유배를 떠났다. 달달달 외워 입신양명하는 법기술자들이 판치는 나라가 되고 말았다.

닥치고 외워서 가문의 영광을 위해 매진하는 200년 뒤 조선 땅 대한민국이, 구한말 초라하게 침몰하는 조선의 운명과 뭐가 다를까. 그럼에도 나의 밤 기도는 길고 한마디 말만 되풀이한다. '상관치 않으리라. 저 문 아무리 좁고 명부冥府에 어떤 형벌이 적혀있더라도 나는 내 운명의 주인이요 내 영혼의 선장이리라. (영화 인빅터스)' 홍어회 한 점 물고 약전이 지긋이 웃는다.

입신양명을 우습게 아는 공무원 아우 수진이가 남도길 떠나는 어설픈 선생 형에게 전한다. '사라지기까지 쓸쓸하지 않기. 건강하게 푸르름을 즐기기.' 그를 사귀니 내가 깊어진다.

매디슨 카운티의 다리
꿈과 사랑

지금 여기에 없는 촌스런 사랑

여주인공은 회상한다. '누군가와 가정을 이루고 자식을 낳기로 결정하는 순간 사랑이 시작된다고 믿지만 사랑이 멈추는 때이기도 하다.' 젊은 날 맑은 사랑과 꿈들을 가슴 가득 키우다 사랑이 멈추고 꿈이 멈춰버린 어른들의 이야기가 추억된다.

다 자란 아이들, 말없이 TV만 보는 남편, 여주인공은 가사와 노동으로 빼꼭 찬 톱밥 같은 일상에 젖는다. 남편과 아이들이 이웃 마을 축제로 향하고 중년 주부에게 나흘간의 휴가가 찾아든다. 정신없이 돌아가던 공장 기계가 멈춘 듯 자신의 일상을 낯설게 살핀다. 20년 넘게 살아온 집을 두리번거리다 텅 비어버린 자신을 느낀다. 가족과 분리된 혼자만의 모습이 어색하다.

"로즈만 다리를 찾고 있습니다." 그녀는 다리를 찾아 머뭇거리던 낯선 사진작가와 만난다. 그녀는 그와의 만남을 통해 가족으로만 존재의 의미를 새기던 자신을 돌아본다. 아이들을 가르치는 것을 좋아했던 결혼 전 꿈을 기억한다. 미지의 세계들을 여행하고 싶어 했던 자신을 다시 만난다. 사진작가는 가족과 생활에 갇혀 꿈을 잃어버린 그녀를 깨운다. 가족을 챙기느라 정작 자신으로부터 멀어진 그녀를 위로한다.

다시 깨어난 그녀가 촌티 나는 다리 위에서 그려내던 사랑은, 빛이 바뀌기 전에 세심하게 찍는 사진들 같다. 떨림. 기다림. 손끝 아린 긴장. 설렘. 스칠 듯 말 듯 한 지나침. 노을 속 서성거림. 섬세한 배려. 망설임. 하나라는 느낌. 가슴 저림. 불규칙한 호흡. 머뭇거림. 딱 한 번 오리라는 확실한 감정들. 존중 없는 접촉이 난무하는 이 시대에 어울리지 않는 촌스런 사랑의 방식들이다.

두 사람은 세상 굴레에서 벗어나 나흘간의 사랑을 품고 각자 삶의 자리에서 늙고 병들고 죽는다. 알 수도 없고, 실체도 없고, 절대적이라고 믿었던 사랑이 희미해질 무렵 그녀는 마지막 생의 인사를 남긴다. '내 일생은 가족에게 바쳤으니, 내 마지막은

로버트(사진작가)에게 바치게 해 다오.'

무기력하게 일에 떠밀리고, 쑥쑥 자라나는 아이들을 보며 조급해지고, 지쳐가는 몸과 긴 노년에 불안해하고, 빠르게 비어 가는 통장잔고를 더듬거리는 일상의 무게에 휘청거릴 무렵, 로즈만 다리를 떠올린다. 알 수도 없고 실체도 없고 절대적이라고 믿었던 사랑이 희미해질 무렵, 마지막 생의 인사를 누구에게 남겨야 할까. 촌스런 사랑이 흰 나방처럼 날갯짓하는 촌티 나는 다리는 이제 사라지고 없다.

님아 그 강을 건너지 마오
기억

이토록 아름다운 당신만이…

어렵게 가정을 꾸리고 가족이 만들어지면 부부의 사랑은 자식과 주변으로 흩어진다. 어느덧 직장에 얽매이고 권력에 순응하며 타인와의 관계를 냉정하게 셈하는 자신을 발견한다. 지속적인 생존에 걸맞게 헐겁고 속된 사랑으로 자신을 위장하고 가족을 위한 방패로 삼는다.

님에게 그 강 건너지 말고 조금만 더 소풍처럼 추억하자던 아흔여덟 할아버지와 여든아홉 할머니의 사랑은 꿈결처럼 아름답다. 당신만을 향한 사랑은 흐르는 강물처럼 서두르지 않는다. 할아버지가 죽자 할머니는 미리 마련해놓았던 이쁜 내복들을 태운다. 피어나지 못하고 죽어 가슴속에 묻었던 자식들을 위해 준비했던 옷이다. 곧 따라갈 테니 우리 애들에게 이쁘고 따뜻한 옷 챙겨 입혀달라고 부탁한다. 머릿속 기억은 희미해지고 가슴에 새겨진 기억들은 생생하게 살아난다.

70년 넘도록 함께 살며 열두 명 자녀를 낳고 오래도록 지켜본다는 건 어떤 느낌일까. 할머니와 할아버지가 곱게 한복을 차려입고 생일상을 받는다. 시끌벅적 잔치를 벌이는데 끝은 우울하다. 막내딸이 큰 오빠에게 서운함을 드러낸다. 술 취한 장남은 판을 깬다. 할머니는 죄인처럼 눈물을 쏟고 할아버지는 먼 곳만 바라본다. 할아버지는 그해 겨울을 넘기지 못한다. 고슴도치 자식들은 오열한다.

낙엽을 뿌리며 장난치던 그이와, 텃밭 꽃 꺾어 머리를 치장해주던 그이와, 빨래터에서 물장난 치던 그이가, 기억 저편에서 와락 달려와 할머니를 적신다. 기억들, 가슴속에 담아두었던 기억이 눈물이 된다. 돈과 권세와 명예로움 따위는 감히 얼씬도 못했을 가슴에는 당신만이 가득하다. 영원한 집으로 돌아가는 길, 이생의 기억들은 질기고 서럽다.

셋넷 아이들은 씩씩한 척 딴청을 부리지만 위태롭게 살아간다. 셋넷들 가슴속에 꾸깃꾸깃 감춘 기억들이 어쩌다 눈물로 번진다. 강을 건너버린 저 세상 아빠의 기억, 그리움으로만 닿을 수 있는 엄마의 기억, 강을 건넜는지 안 건넜는지도 모르는 님들의 기억은 희미해져 간다. 셋넷들은 올해도 봄밤을 하얗게 뒤척인다.

봄날은 간다
행복

봄날 기억들로 뒤척이는 사람들은 행복한 사람이다

생각하면 생각할수록 짙어지는 그리움에 관한 영화다. 지태는 소리의 마음을 담고 소리의 풍경을 채집하는 엔지니어다. 대나무 숲에서, 바닷가에서, 겨울 산사 처마 밑에서, 수풀 우거진 들판에서 고요히 머문다. 자신조차 소리의 또 다른 사연이 된다.

지태는 자연의 소리에 취해 담담하게 미소 짓다 영애를 만난다. 그녀와 벼락같은 사랑에 빠진다. 소리에 취해 흘리는 그녀의 콧노래를 몰래 담아낸다. 그러다 느린 봄날 바스락거리며 사랑이 금세 깨진다. 지태는 소리의 마음으로 담담하게 돌아간다.

지태가 채집하는 소리들은 언제나 그대로면서 빠르게 변한다. 그가 영애와 나눴던 사랑의 마음 같다. 사랑의 풍경과 닮았다.

지태와 영애를 맺어준 인연의 고리는 라면이다. 라면은 3분이면 요리가 되는 패스트푸드다. 잠시 딴청 부리면 팅팅 불어 터져서 맛이 없다. 그녀가 건네는 사랑의 방식이다. 뜨거운 면발을 집어 들면서 도무지 딴생각에 빠질 수 없다. 지태는 밥을 먹고 싶다. 할머니와 홀아버지와 심심풀이 화투 치는 외로운 고모의 성화도 한몫했지만 지태는 김이 모락모락 나는 가족과의 밥상이 그립다.

지태는 자고 있는 영애를 깨워 정성껏 준비한 밥과 북엇국을 권한다. 그녀는 외면한다. 떠나는 그녀에게 지태가 묻는다. "사랑이 어떻게 변할 수 있니? 내가 고작 라면으로 보여?" "난 김치 담글 줄 몰라." 영애가 맞받아친다. "그딴 걸 왜 해야 해?" 구질구질하게 살지 않을 거라고 선언한다. 그녀는 속박을 거부한다.
그녀의 사랑은 경쾌하다. 영애의 사랑은 엄마들의 희생 위에서 꽃을 피웠던 수천 년 된 가족나무가 아니다.

지태는 화사한 봄바람 같았던 영애와 헤어지고 봄날을 생각하고 또 생각한다. 가슴이 사무치도록 그리워한다. 봄날은 그런 거다. 사랑도 그런 거겠지. 봄날은 가고 문득 다시 그리워지겠지. 눈을 감으면 문득/그리운 날의 기억/아직까지도 마음이 저려 오는 건/그건 아마 사람도/피고 지는 꽃처럼/아름다워서 슬프기 때문일 거야, 아마도/봄날은 가네 무심히도/꽃잎은 지네 바람에/머물 수 없던 아름다운 사람들.(봄날은 간다 OST)

셋넷은 길 위의 학교다. 길 위에서 만났던 사람들과 여름밤 소낙비 같은 사랑을 나눴다. 봄이 오면 떠오르는 사람들이 봄꽃보다 먼저 환한 얼굴로 잘 가라고 인사를 한다. 봄날이 갈 때면 생각할수록 그리워지는 사랑들로 가슴 저린다. 살아보니 단순한 삶을 어지럽힌 것들은 세상살이 고단함이 아니었다. 내가 만든 욕심과 미련과 회환 때문이었다. 욕심이 쌓여 욕망이 되었다. 욕망의 좌절로 미련이 남고, 미련의 시간은 어김없이 회환으로 뒤덮여 봄날을 어지럽힌다. 휘청휘청 봄날은 가고 사람들은 무심하게 흐른다.

화양연화
사랑

많은 일들이 나도 모르게 일어난다

1966 어쩔 수 없는 운명에 체념하듯 첼로가 흐느낀다. 낡고 허물어져가는 사원 벽, 상처처럼 파진 구멍에 남자가 얼굴을 묻고 속삭인다. 건너편 높은 사원에서 동자승이 물끄러미 내려다본다. 남자는 떠나고 사원은 침묵한다. 남자의 비밀을 담고 있는 구멍은 진흙으로 닫혀있다. 결혼하지 않았다면 더 좋았을 가슴 저민 사랑, 많은 일들이 나도 모르게 일어났다. 꽃다운 그 시절, 화양연화.

1962 두 부부가 한 날 셋방살이 집으로 이사한다. 자연스레 음식을 나누고 마작을 섞는다. 밥 먹듯이 외국 출장을 다니는 옆방 남편과 호텔에서 밤늦게 일하는 내 아내가 수상하다. 옆방 아내는 내 넥타이가 자기 남편의 넥타이와 똑같다는 사실을 알고 있다. 나는 옆방 아내의 핸드백이 내 아내의 핸드백과 똑같다는

사실을 알게 된다.

옆방 아내는 혼자 극장에서 영화를 본다. 나는 불필요한 야근을 한다. 나와 그녀는 결혼생활이 엉망이 된 방이 싫어 동네 국수가게에서 끼니를 해결한다. 두 사람은 빈 방과 국수가게를 이어주는 골목에서 어색하게 지나친다. 꽃망울 화사한 옷차림이 감추고 있는 그녀의 뒷모습과, 세련된 양복 담배연기 속에 숨겨진 나의 뒷모습은 애틋하다. 두 사람의 그림자는 비에 젖어 늘 축축하다.

결혼생활이 깨지자 꿈꾸던 삶이 되살아난다. 나와 옆방 아내 그녀는 미뤄두었던 무협소설을 쓰고 다듬고 교정한다. 바다 건너온 가방과 전기밥솥을 선물하며 잡다한 타인의 시선에 묶인 삶은 무료하다. 천천히 찾아온 가슴 뛰는 사랑은 황량해진 일상을 어루만지고 나와 그녀를 섬세하게 보살핀다. "우린 저들의 사랑과 달라야 해요." 세상과 다른 둘만의 사랑, 꽃다운 시절, 회양연회.

1963 홍콩은 어수선하다. 배표가 하나 더 있다면 나와 함께

떠날 수 있나요? 꽃다운 시절이 머뭇거린다. 사람들이 너도 나도 짐을 꾸린다. 배표가 하나 더 있다면 나를 데려갈 수 있나요? 화양연화 사랑은 주저한다. 나와 그녀는 함께 떠나지 못한다. 각자의 자리에서 무표정하게 살아간다. 기다리는 전화벨은 울리지 않고 담배연기처럼 화양연화는 속절없다. 옆방 아내였던 그녀는 사랑을 잃고 홀로 아이를 키운다. 나는 먼 나라에서 담배를 끊는다. 꽃이 진다.

2021 어떤 남자가 남원 덕음산 나무에 구멍을 내고 속삭인다. 지나던 등산객이 힐끔거린다. 남자는 떠나고 산은 침묵한다. 남자의 비밀은 아무도 모른다. 결혼하지 않았다면 더 좋았을 사랑은 지금 여기 없다. 많은 일들이 나도 모르게 일어났다. 주저하고 머뭇거렸던 꽃다운 시절, 화양연화.

히말라야
우정

지속 가능한 삶을 위한 생존조건

죽을 수도 있겠다는 생각이 들었다. 원하지 않던 군대에서 난 생처음 타 본 비행기가 문짝 없는 수송기였고 함부로 지상에 던져졌다. 유일한 희망이던 낙하산이 무사히 펼쳐지기 전 6초의 짧은 시간 동안 이렇게 죽을 수도 있겠구나 생각했다. 그때까지 한 번도 사랑해본 적 없는 낙하산에만 매달렸다. 그녀도 부모도 친구도 떠올릴 수 없었다. 짧은 삶을 참회할 시간조차 없었다.

생존이란 무엇인가.

삶을 포장했던 모습들은 두려워했던 몸짓이었다. 뜨거웠던 적 없이 대학에 진학했다. 유행처럼 시대를 향해 적당히 개겨봤나. 세상을 내직할 용기가 없었다. 자본주의 시장은 창창한 미래를 무겁게 눌렀다. 우아하게 도피했다. 쫓기듯 들어간 시민운동단체에서 화풀이하듯 동기 없는 몰입을 했다. 자본주의 시장

밖에서 명예로운 삶이라도 보상받고 싶었다.

한껏 기대를 품었던 부모는 천천히 떠나갔다. 그만큼씩 우정에 집착했다. 딱 그 정도의 외로움이 술잔을 채웠다. 익명의 분노를 습관처럼 배설하면서 적당히 슬픔을 방어했다. 그런대로 괜찮았다. 미친 듯이 프로그램으로 일상을 채우며 나를 기억하지 않으려 했다. 낯선 사람들과 새로운 시대를 꿈꿨다. 정의로운 삶을 기웃거리다가 탈북 아이들을 만났다. 힘겨운 소통으로 갈등했지만 행복했다.

힘겹게 결단한 탈서울의 삶은 적막하다. 이방인 아이들도 없고 고마운 이들도 곁에 없다. 나를 중심으로 소통하고 관계 맺기에 익숙했기에 벗들이 없는 여백의 삶은 어색하다. 천천히 낡고 지쳐간다. 느닷없이 들이닥친 생존의 질문, 이제 무엇으로 살아남을 수 있을까.

서로 상처 받지 않기 위해 가족은 멀리 있다. 상처 받지 않는 게 생존인가. 벗들은 긴 노년의 삶에서 살아남기 위해 전전긍긍한다. 무작정 살아남는 게 생존인가. 가슴 저린 꿈들이 사라진 일상은 더 이상 설레지 않는다. 근사한 일들을 벌이지 않으면 생존할 수 없는 걸까. 걱정 말라고? 후회하지 말라고? 잊히지 않을 거라고? 헛된 꿈일지언정 멈추지 말라고? 가장 단순한 방식으로 생존하고 싶다. 절실한 생존 낙하산은 어디에 있는 걸까.

실화 영화 〈히말라야〉는 동료를 구하기 위해 무모하게 도전하는 산사람들에게 생존이란 무엇인지 보여준다. 높고 깊은 고독에서의 생존은 외투와 식량과 텐트가 아니었다. 생존의 마지막 조건인 부족한 산소 2/3를 대신할 수 있었던 건 동료에 대한 믿음이었다. 절대 고독으로 향하는 그들을 외롭지 않게 지켜줬던 건 우정이었다. 생의 난관들을 거역할 수 있었던 건 처음 사랑을 지키려 했던 호방한 눈물이었다. 지속할 삶의 이유를 놓지 않게 했던 생존의 힘은 꽃보다 아름다운 사람들의 그물망이었다.

스피벳, 천재 발명가의 기묘한 여행
여행과 성장

자신만의 소나무를 찾아 떠나는 아름다운 여행길
아이는 언제 어른이 될까. 더 이상 성탄절이 설레지 않을 때, 독서용 안경을 목에 걸고도 찾을 때, 열을 올리며 세금을 잘 못 쓰는 정부를 탓할 때, 아이들 머릿속엔 뭐가 들었을까 궁금해할 때 라고 답하는 열 살 된 소년의 이름은 스피벳이다.

스피벳은 달리는 차 창문으로 흩어지는 빗방울을 관찰하며 물방울은 최소한의 저항으로 길을 만드는데 인간은 정확하게 반대라고 떠올린다. 그는 얼마 전 쌍둥이 형과 놀다가 총기사고로 형을 잃고 죄책감에 빠져있다. 죽은 형은 어릴 적부터 아버지의 사랑을 듬뿍 받았다. 연구하고 분석하고 증명하기를 좋아하는 동생 스피벳은 존재감 없이 괴팍하고 엉뚱한 아이로 취급받았다.

스피벳은 가짜 웃음은 광대 근육을 쓰지만 진짜 웃음은 눈 주위를 감싸는 눈둘레근(일명 얼굴 표정 근육)이 움직인다고 확신한다. 엄마는 멸종 딱정벌레를 연구하는 박사다. 아빠는 철조망에 걸린 염소를 보살피는 목장주인이자 카우보이다. 누나는 시골 목장 탈출을 노리는 공주병 증상이 짙은 사춘기 소녀다.

어딘가 기묘하고 천재의 재능을 잔뜩 지닌 스피벳이 고안한 발명품이 그 해 미국 최고의 발명품에 선정된다. 가족에게 사랑받지 못한다고 생각한 소년은 시상식에 참석하기 위해 몰래 떠난다. 깊은 밤 기차역에서 만난 노인이 이야기를 들려준다. 추위를 피하려던 참새가 온갖 나무들에게 거절당했지만 소나무에게 도움을 받아 시련을 이겨냈다며 격려한다. "뭘 찾는지 모르지만 자신감을 잃지 마. 가려고 하는 길을 가. 행운을 빈다. 너만의 소나무를 찾게 될 거야."

천재 발명 소년 스피벳은 미국 대륙의 절반을 혼자 여행하며 가족의 소중함과 사랑을 확인한다. 자기 일에만 열중하고, 자기 방식으로만 소통하고, 자신의 성향을 닮은 사랑에만 마음을 열던 가족들이 막내의 기묘한 여행을 통해 가족의 존재 이유와 소통방식을 성찰한다.

여행은 한 사람을 성장시킨다. 자신을 낯설게 관찰하도록 돕는다. 여행은 한 사람의 영혼을 풍요롭게 한다. 생각 없이 얽혔던 일방적인 관계들을 성찰하게 한다. 셋넷 아이들과 계절이 변하고 바람의 방향이 바뀔 때면 여행을 떠났다. 내 땅과 우리 하늘을 몸으로 느꼈다. 뒤척거리는 꿈과 반짝이는 내 사랑이 닿는 곳을 찾아 무작정 떠다녔다.

'세계는 한 권의 책이다. 여행하지 않는 자는 단지 그 책의 한 페이지만 읽을 뿐이다.'(성 아우구스티누스) 오랜 사연이 담긴 맥주가 있거나 허물어져가는 옛사랑의 흔적들이 있다면, 거기에 길이 있고 모진 비바람을 잠시 피할 수 있는 소나무가 있다면, 나는 주저하지 않고 떠날 것이다. 자신만의 소나무를 찾아 망설임 없이 떠나는 셋넷들과 세상 모든 이에게 행운이 있기를.

우리들의 행복한 시간
감수성

지금 여기 행복한 시간을 위하여

가끔 삶의 이유를 스스로에게 묻는다. 요즘처럼 역병으로 삶이 퍽퍽하고 만남과 인연이 멀어질 때면 질문은 무겁다. 삶의 목표를 드높이고 꿈을 가꾸던 시절이 있었는지 실감나지 않는다. 어쩌면 이 시절이 일시적으로 끝나지 않을 수도 있다는 암울함에 일상은 고단하다.

행복하고 싶다. 행복하려고 공부하고, 행복을 위해 일하고, 행복한 내일을 꿈꾸며 견디지만 행복은 변한다. 나이가 차고 맞닥뜨린 상황에 따라 달라진다. 아픈 이들은 건강한 행복을 빈다. 가난한 이들은 풍요로운 행복에 영혼을 건다. 외로운 이들은 사랑이 넘치는 행복을 갈망하지만 정작 꿈꾸던 삶이 실현되면 다른 행복을 찾아 바삐 떠난다. 우아한 행복에 취하고 고급한 행복에 짓눌린다. 표준 행복에 사로잡혀 있다면 '열등감'이 건네는 악마의 거래가 아닐까.

열등감은 편견에서 비롯된다. 맑고 소박한 행복이 오염되는 건 '편견' 때문이다. 편견은 그 자체로 좋은 것도 나쁜 것도 아니다. 누구나 품게 되는 사랑과 욕망의 감정이다. 편견은 무시할 것도 아니고 극복해야 할 목표도 아니다. 편견을 품고 있고 편견에 사로잡혀있다는 사실을 알아차리면 된다. 편견의 폐해는 그로 인해 생겨난 열등감 때문에 온 삶으로 확대된다. 자신을 초라하게 만들어 자기를 사랑하지 않게 한다. 타자를 미움과 경쟁의 대상으로 만든다. 편견의 노예가 되면 행복할 수 없다. 오래 전 행복했던 낡은 시간들을 그리워하고, 언젠가 행복할 애매한 날들을 막연하게 기다릴 뿐이다.

편견에서 벗어나 열등감에서 자유로운 행복은 조건과 처지에 따라 쉽게 변하거나 사라지지 않는다. 행복이란 목표를 성취하고 욕망을 실현하는 것이 아니기 때문이다. 살다보면 지치고 힘겹고 외로움이 도적처럼 들이닥친다. 그럴 때 위로하고 위로받을 수 있는 사람들의 그물망이 있다면 행복한 사람이다. 영화 〈우리들의 행복한 시간〉에서 만난 주인공 남녀는 각자가 살아온 삶에서는 불행했지만, 행복한 시간들로 만나고 헤어진다.

남자 주인공은 생모에게 버림받고 고아원을 탈출한다. 동생은 지하도에서 얼어죽는다. 살아남기 위해 짐승처럼 닥치는 대로 살아간다. 한 여자를 사랑하고 처음이자 마지막 행복을 꾸려 보지만 그마저도 불행으로 끝나고 사형수가 되어 세상을 등진다. 세 번째 자살도 실패한 여주인공은 세상 부러움 없을 정도로 부유하게 산다. 사촌에게 성폭력을 당한 뒤 위로 받기는커녕 바보같이 앞가림을 못했다는 엄마의 질타를 받는다. 열다섯 소녀는 그 날부터 영혼의 성장을 멈춘다. 이후의 삶이란 엄마에 대한 미움과 증오로 그녀의 일상은 날마다 피폐해진다.

두 사람은 교도소 면회실에서 어색하게 만난다. 상처를 드러내고 아파하는 상대방에게 별 감정이 없다. 가식 없이 서로의 상처들을 바라볼 뿐이다. 두 사람은 서로에게 필요한 것을 주지 않는다. 한 송이 꽃만큼의 희망도 건네지 않는다. '지나간 슬픔은 어쩔 수 없지만 앞으로 닥칠 아픔은 곁에 머물며 지켜주겠다.'는 쟈니의 다짐(영화 프랭키와 쟈니)처럼 아픔을 보듬고 안타까워 한다. 그들이 마주한 시간은 세상의 사슬에서 벗어나 흔들리지 않는 평화의 순간, 행복한 시간이다.

행복했던 기억이 별로 없는 셋넷들과 행복한 시간 속에 머문다. 무시무시한 철조망도, 서슬 퍼런 이념의 사슬도 우리들의 행복한 시간을 가둘 수 없다. 셋넷들과 생생하게 느끼는 행복한 시간을 당신들에게 선물한다. 그러니 부디 안녕, 행복한 시간들! 두려워말기를.

그녀에게
평화

반짝이는 당신과 나의 삶을 위하여

입만 열면 '아이 러브 유'를 시도 때도 없이 반복하고, 한 여인을 구하기 위해 모든 것을 희생하는 할리우드 영화를 보면서 의문은 깊다. 그 역시 나라와 시대의 산물일 것인데, 영화의 자양분이 되는 현실의 미국 사회가 거짓 없는 사랑을 일상에서 구현하고 있을까. 여성과 아이와 약자들에 대한 연민을 사회적인 정의로움으로 지켜주고 있을까. 헐리웃 영화는 이 시대 지구 전체를 쥐락펴락하는 강력하고 매혹적인 대중문화임에는 틀림없다.

허위와 기만으로 지구를 뒤덮는 무소불위無所不爲 악마의 유혹에 빠지지 않아야 할 텐데 염려하기에는 너무 멀고 큰 나라다. 성조기의 유혹에 깊이 관여하는 내 일상과 우리나라를 진력盡力을 다해 염려하기로 마음을 다진다.

'쿠쿠루 쿠쿠 팔로마..' 애절하게 여운을 남기는 영화 〈그녀에게〉는 두려움에 당당히 맞서는 자기 사랑에 관한 영화다. 슬픔에 휩싸여 무대를 가로지르는 여배우는 구원의 몸짓으로 느낀다. 그녀 앞에 어지러이 널려있는 의자들을 필사적으로 걷어내는 남자의 연극으로 시작하는 영화의 사랑은 절박하다. 앞으로 나아가고자 하는 이에게 가만히 앉아서 쉬라고 강요하는 의자란 한낱 장애에 불과하다. 하물며 누군가 의도적으로 한 사람의 인생을 붙박이 의자들로 억압하고 가두려 한다면 어찌해야 하는가. 한 사람의 삶을 가로막는 수많은 의자들을 온몸으로 치우는 조건 없는 사랑의 메시지는, 식물인간이 된 그녀를 지키는 것처럼 기약 없기에 가슴 저린다.

소에 받쳐 의식을 잃고 식물인간으로 살게 된 여주인공은 투우사였다. 그녀가 행했던 투우 행위가 인간이 동물에 가하는 잔혹한 행위가 아닐지도 모른다는 생각이 들었다. 선한 인간이 차별에 맞서는 절박한 시위처럼 위엄이 서려있었다. 무엇으로도 보호받지 못하는 여린 자들이 두려움에 맞서는 마지막 몸짓처럼 처절했다. 그래서 거대한 황소를 굴복시켰던 그녀가 부엌에 들어온 한낱 뱀 때문에 비명을 지르고 거리로 뛰쳐나왔던 것이 아닐까. 한밤 거리에서 울부짖는 그녀에게서 내 일상과 사회와 나라에서 날마다 벌어지는 각양각색 절박한 투우들이 어른거렸다.

　무서움과 두려움은 사뭇 다른 감정이다. 무서움은 차가운 정종을 데우면 날아가는 알코올 같은 감정이지만, 두려움은 존재의 영혼을 사로잡아 기어이 노예로 삼는다. 거친 황소는 그녀의 삶을 사로잡는 두려움들이 일상에서 보여주는 위협과 공포들이다. 그녀는 남자와 강자들이 만든 편견과 차별이라는 일상의 두려움에 담대하게 맞선다. 우리들 사는 세상은 기득권을 누리려는 나라와 권세와 강자들이 내뿜는 광기로 우울하다. 기득권을 빼앗으려는 나라와 권세와 강자들의 지칠 줄 모르는 탐욕 때문에 미움과 대결로 얼룩진다. 그럼에도 거친 소에 맞서다 쓰러진 그녀는 우리 곁을 지키고 있다. 나와 당신의 반짝이는 삶을 두려움으로 옭아매려는 허위虛僞를 깨우치러 우릴 떠나지 않는다. 탐욕의 나라와 구역질나는 권세와 치졸한 강자들이 내뿜는 편견에 당당히 맞서는 그녀의 용기가 참된 사랑의 모습이다. 셋넷이 그리워하는 나라와 권세와 평화일지니, 그대의 내 꿈꾸는 삶이 행복하여라.

<조커>의 시간에서 <소울>의 삶으로
인정과 지지

소통은 공감하는 감수성으로 살아 숨쉰다.
세상이 미쳐가고 있다고 조커가 토로한다. 미친 세상의 정체는 병든 소통이다. 광대의 모습으로 길거리에서 병원에서 바삐 살아가지만 아무도 그를 기억하지 않는다. 조롱하고 무시한다. 조커는 지금까지 아무 존재감 없이 살았다고 진지하게 이야기한다. 상담사는 듣지 않고 늘 같은 질문을 한다. 상담사의 상투적인 시선은 아무 것도 보려하지 않는다. 전혀 웃기지 못하면서 자신만 미친 듯이 웃어대는 조커는 코미디언이 되려고 열심히 유머를 적는다. '똑!똑!똑! 누구세요?' 권총으로 자살하는 시늉을 연습하며 흡족해 한다. 주목받고 싶었다. 결국 TV 쇼에 출연하여 생방송 도중 진행자를 총으로 쏴죽인다. 죽음의 사건으로라도 존재감을 갖고 싶었다. 자신을 웃음거리로 만든 예의 없는 세상에 살인으로 보답한다. 자신이 벌인 어처구니없는 살인 때문에 미쳐 날뛰는 거리를 보며 아름답다고 웃는다. 눈꼽만치의 배려도 없는 세상에서 인정받고 싶었다.

'나는 당신과 소통하고 싶어요.' 고장난 기계처럼 소리는 흩어진다. 우리는 같이 살고 같이 일하고 같이 술 마시고 같이 사랑을 나누면서도 서로를 제대로 쳐다보지 않는다. 상대방의 간절한 이야기를 진정으로 듣지 않는다. 보고 싶은 것만 볼 뿐이다. 듣고자 하는 내용만 가려듣는다. 그러면서 가족에게 연인에게 친구에게 날 좀 바라봐달라고 애원하고 내 얘길 좀 들어달라고 핏대를 올린다. 분단된 나라에서 사람들은 조커가 살아가는 시간처럼 알 수 없는 분노에 차있다. 서로를 돌보지 않으니 우린 모두 혼자다. 정신 없이 바쁜 하루를 보내면서도 먼 바다에 고립된 섬처럼 나와 당신은 외롭다.

엄마 아빠가 된 셋넷들에게

애들아, 불꽃 찾았니?
불 꽃은 삶의 목적이 아니야.
열정도 아니고 고결한 생의 의미도 아니지.
불꽃은 너희들이 제각기 지구에 온 이유야.

절대 포기할 수 없는 거야.

각자의 불꽃들을 찾아야

삶의 마지막 퍼즐이 완성되는 거란다.

그러니 부디 상처 받지 마.

마지못해 살면 안 돼.

불안해하고 투정하고 우울해하지 마.

근심걱정하고 의심하지도 마.

세상 탓하며 미움으로 살지 마.

그래 맞아.

그 모든 순간순간을 불꽃처럼 즐기며 사는 거야.

재즈스럽게 말이야.

괜찮아

여행, 알면 사랑한다

여행으로 한 사람은 여유롭다. 반복되는 일상에 얽매인 자신을 위로하고 돌본다. 여행으로 한 사람은 풍요롭다. 타인의 시선에 긴장하고 위축되었던 마음이 생존의 끈들로부터 잠시나마 벗어난다. 경쟁과 소유로 몰아치는 세상의 민낯이 문득 모습을 드러낸다. 계절이 변하고 바람의 방향이 바뀔 때면 셋넷들과 여행을 떠났다. 내 땅과 지구의 하늘을 몸으로 느꼈다. 뒤척거리는 꿈과 반짝이는 내 사랑이 닿는 곳을 찾아 무작정 떠다녔다.

길 위에서 길 찾기

감수성은 맑음(착한 기운)과
탁함(파괴적인 기운)이 늘 섞여있다.

셋넷학교는 '알면 사랑한다-탈북 청소년들이 길 위에서 부르는 삶의 노래'라는 주제로 2006년부터 2020년까지 해마다 국내외 낯선 곳들을 여행했다. 여러 사연들로 살아온 사람들을 만나고 제3의 언어인 문화를 매개로 다양한 체험과 봉사활동을 했다. 셋넷의 여행은 감수성 연습과 훈련을 위한 개인과 집단의 현장체험활동이다.

2006년 여름, 중국-몽골로 첫 여행을 떠났다. 셋넷들이 중국에서 겪었던 기억들을 담담하게 마주할 수 있을까. 셋넷 아이들에게 중국은 떼어낼 수 없는 끈적끈적한 기억들로 남아있다. 닫힌 북조선을 뛰쳐나와 처음으로 문화충격을 받았던 곳이고, 목숨을 걸고 생존해야 했던 쓰라린 상처와 아픔들이 어지러이 널려 있는 곳이다. 갑자기 헤어진 피붙이들이 어딘가 떠돌고 있는 곳이고, 남한에 올 수 있도록 도와준 고마운 키다리 아저씨들을 만난 곳이기도 하다.

중국 베이징에서 다큐멘터리 영상을 제작했다. '당신은 평화가 뭐라고 생각합니까?' 여러 나라에서 온 외국인들에게 질문을 던졌다. 아이들은 북경 고궁을 방문한 외국인 가족에게 용감하게 다가갔다. 외국인이 아이들에게 물었다.
"어느 나라에서 왔니?"
"사우스 코리아"
대답을 했던 아이가 곧바로 말을 바꿨다.
"노우스 코리아".
그리고는 뒤에 오는 친구들에게 물었다.
"야, 우리가 사우스야 노우스야?"

2007년과 2009년 여름, 남북 청소년들이 제주도로 자전거 하이킹을 떠났다. 인천항을 출발히여 배 안에서 진행된 토론과 프로그램은 대부분 남한 또래 대학생들이 주도했다. 남한 대학생들의 자신감과 자만심은 제주도에 도착하여 자전거 하이킹이 시작되자마자 사정없이 무너졌다. 셋넷 아이들은 발표나 토론에는 서툴렀지만 자전거 위에서는 바람처럼 날래고 상쾌했다.
한 시간 이상 뒤처져 따라오던 남한 대학생들은 곧 깨달았다. 북조선 출신 청소년들이 바보가 아니라는 것을, 자신들보다 수준이 낮은 것이 아니라 다르다는 것을, 자신들과 다른 경험과 다른 능력을 품고 있다는 것을.

여행은 서로 다른 존재들에게 스며있던 편견과 고정관념들을 꾸밈없이 나눌 수 있는 삶의 놀이터다. 셋넷 청소년들은 교실의 배움을 넘어서서 길 위에서 새롭게 정체성을 형성한다. 낯선 문화 속에서 스스로 건강하게 공동체를 만들어 간다. 나를 정직하게 만나기 위해 내 안의 상처를 마주하고, 나를 둘러싼 상처의 벽을 허물고 용기 있게 세상과 소통한다. 집과 가족을 떠나 막막했던 길 위에서 위축되고 버림받았던 나를 다시 사랑하며 나다운 꿈을 심는다.

우리는 일상에서 사랑 없이는 못 살면서도 평등하고 따뜻하게 타인을 사랑하는 방법을 몰라 상처를 주고받는다. 사랑으로 위로를 나누고 살아갈 힘을 얻고자 한다면 먼저 내 안의 나를 알아야 한다. 나를 사로잡는 편견과 열등감으로 타인을 바라보고 내 것처럼 고집하지 말아야 한다. 나와 다른 타인의 다름과 차이를 존중하고 살피는 일상의 정성들 속에 참된 사랑이 깃든다. 그때 비로소 '알면 사랑하게 된다.'

왜그래,가 아니라

2008 영국 노르웨이

ROOTLESS

셋넷 여행 이야기는 꼰대 교사의 여행일기다. 여행에 대한 친절한 설명과 감상은 기대하지 말기를… 첫 번째 이야기는 북조선과 남한을 떠나 세상을 떠도는 아이들을 무작정 찾아갔던 길 위의 교사 일기다. 지우 경수 철호 이야기는 이전 책 〈윗마을 학생과 아랫동네 선생〉에 담았다. 여행의 풍경은 오원환 감독(군산대 교수)이 로드무비 다큐영상으로 기록했다. 셋넷 홈페이지에서 볼 수 있다.

(2008 rootless, 57분/www.setnetschool.com)

탈남脫南.. 다시 길 떠나는 아이들

2007년 무렵 사라진 졸업생들이 점점 늘어났다. 영어공부 때문에 고향으로 돌아가고 싶다던 아이들이 영어권 나라로 갔다고 하니 어이가 없었다. 작별의 정도 나누지 못한 채 헤어져서

서운하기도 했다. 기나긴 여정 끝에 도착한 같은 민족의 나라에서 정착하지 못하고 떠난 이유가 궁금했다. 왜 그래야만 했는지 직접 듣고 싶어서 아이들을 만나러 갔다.

(윗마을 학생과 아랫동네 선생, 박상영, 2021 코폴)

7월 25일 금요일, 인천공항-암스테르담-런던

서너 번의 음식을 시도 때도 없이 먹고 재미없는 영화들을 무료하게 본 뒤에야 헨리 8세와 천일의 앤의 나라 영국 런던에 도착했다. 열두 시간 가까이 비행기 안에 갇혀 박완서의 소설과 김용택의 시들을 읽었다. 개교 5주년 기념행사를 기획하며 새로운 교육내용을 구상했다. 나보다 앞서 이 여행을 선택한 셋넷 아이들이 떠올랐다. 어떤 심정이었을까, 말도 통하지 않는 낯선 곳으로 또다시 기나긴 여정을 떠나야 했던 이유가 무엇이었을까.

영국 신사의 품위와 권위를 기대했던 히드로 공항은 노후 자금을 마련해 놓지 못한 채 몰락한 노신사의 모습 같다. 공항 로비에서 만난 상연 샘은 가난한 유학생활로 위태로워 보였지만 반짝이고 글썽이는 눈망울은 그대로다. 짧고 도타운 포옹이지만 그도 나도 울컥하는 뜨거움으로 오래 삭힌 그리움을 감지한다. 막막하고 힘겨웠던 셋넷학교 처음 시절을 씩씩하게 감당했던 그녀의 마중으로 낯선 나라는 이방인에게 편안하게 다가온다.

온통 생채기 투성인 낡은 장난감 같은 꼬마 지하철을 타고 런던보이들과 기분 좋게 섞인다. 온갖 인종들이 뒤섞인 구수한 시골장터에 들어선 설렘으로 이방인은 흥분한다. 비틀스와 셰익스피어 때문에 오래 사귄 친구 같은 나라지만, 세상을 향해 저질렀던 온갖 나쁜 짓들 때문에 도무지 용납이 되지 않는다. 불량배 친구의 나라에서 애증 뒤얽힌 난감함으로 런던 첫 밤을 맞는다.

상연 샘은 2005년 셋넷학교가 궁핍했던 영등포 시절 살림 교사를 자청했다. 런던대학교에서 유학(문화인류학 박사) 후 영국에 온 탈북 이방인들을 도우며 멋쟁이 런던보이 남편과 산다.

정情과 친절.. 영국의 친절과 한국의 정
7월 26일 토요일

런던 명물 빨강버스 2층 맨 앞자리에 앉아 파주 영어마을 같은 런던 길거리를 떠다닌다. 들뜬 기분도 잠시 잘못 탄 버스를 바로잡기 위해 여러 명의 런던 사람들에게 길을 물어본다. 한결 같은 친절함으로 모두 다 다른 노선과 방법을 일러준다. 개성 넘치는 친절함의 혼란은 하루 종일 계속된다. 개인의 자유와 권리를 존중하고 흠뻑 누린다는 강렬한 첫 인상만큼이나 무질서하고 무책임하게 보이는 런던의 극단적 모습들을 곳곳에서 만나니 어지럽다. 이런 모순된 힘들이 영국의 역동성인지, 아니면 부자는 망해도 3년은 간다는데 대책 없는 3대째 자식 놈들을 보고 있는 건지 헷갈린다. 하지만 존재 이유를 알지 못하는 신호등, 함부로 무시되는 공공질서, 자연스럽게 버려진 담배꽁초와 쓰레기, 시끄럽고 개성 넘치는 술집 소음들이 이곳을 용감하게 찾아든 탈북 유랑자들에게 편안하게 다가왔을 거라는 생각이 든다.

거리마다 넘쳐나는 수많은 인종들의 표정, 말, 행동, 옷치장, 무관심도 이들의 불안한 방문을 위로했으리라. 같은 민족이라는 또 하나의 이념으로 포장된 친절 아닌 정情 때문에 남한에서 상처 받은 탈북자들이 이 곳에서 어떤 식으로든 위안을 받았으리라. 내가 살아오면서 경험하고 느껴온 '한국의 친절함'이란 무엇인가. 낯선 이를 만만하게 여겨 무시해도 되는지, 아니면 호들갑을 떨며 복사해야 되는지를 파악하는 리트머스 시험지였다.

대다수 탈북자들의 촌스럽게 보이는 외모와 우스꽝스러운 말투는 분명 이들 존재를 초라하게 만들고, 긴장하게 만들고, 조급하게 만들고, 지킬박사와 하이드처럼 이중적으로 만들었을 게다. 한 치 앞도 분간 못할 안개처럼 낯선 섬나라 영국에서 이들은 또다시 외로웠겠지만, 누군가의 감시에서 벗어났을 때처럼 온도를 잘 맞춘 온탕에서의 온화함을 느꼈으리라.

전 세계 순례자들이 영국이 자랑하는 과거 영광의 자취들을 보기 위해 꾸역꾸역 찾아든다. 내가 경험했던 유럽 대륙의 볼거리들에 비해 소박하고 단순했다. 원치 않았던 사생아(미국)를 낳은 엄마가, 갑자기 졸부가 되어 거들먹거리면서 세도를 부리는 아들(미국) 덕분에 분에 넘치는 대우를 받고 있다는 삐딱하고 불편한 심사로 속이 뒤틀렸다. 기대했던 버킹엄 궁전과 타워브리지에서 아쉬움이 남았지만, 술집마다 넘실대던 젊은이들의 자유분방한 활달함에서 살맛나는 영국 뱃놈들의 기운을 맛볼 수 있었다.

언어.. 생존과 영어 배우기
7월 27일 일요일

어제는 런던이 품고 있는 과거의 영광과 현재의 어지러운 모순들로 뒤덮인 거리들을 걸었다. 오늘은 천천히 사람들 속을 거닐어 보리라. 너무 아득한 곳에 있어서 이순신 장군보다 훨씬 외로워 보이는 넬슨 제독이 비둘기 부하들과 지키는 트라팔가 광장으로 향하는 버스 안에서 여행에 동행한 하늘이(1기 졸업생)가 이야기한다. 남한에서 살아남기 위해서는 영어를 꼭 해야 하는데 국내나 외국에서 영어를 채울 방도가 없단다. 그래서 위험하고 불확실하지만 탈법적인 영국행은, 대안 없는 탈북 젊은이들에게 삶을 던져볼 수 있는 생존카드다. 말이 된다. 오나가나 영어 때문에 고단한 영혼들이 어디 한둘인가. 또 하나의 경계를 넘어선 아이들의 용기와 결단이 부럽기만 하다.

사람과 정보에 막혀 막막했지만 혹시나 하는 기대로 런던 근교 작은 동네 뉴멀든을 무작정 방문한다. 유럽에서 유일하게 한국 타운이 형성되어 있고, 바람처럼 영국으로 스며든 탈북 난민들이 모여서 미지의 시간들을 서성거리는 곳이다. 조기유학 온 어린아이들 몇몇이 고향을 그리워하며 한국음식을 먹고 있었을 뿐 만나고픈 셋넷들은 볼 수 없었다.

오후 느즈막 런던의 마지막 시간을 상연 샘과 남친 닐과 함께 한다. 순수 런던 토박이 닐은 건강하고 쾌활한 문화인류학도 영국 청년이다. 그를 따라 맥주를 직접 빚는 곳에 가보고, 런던에서 가장 오래된 술집으로 찾아들어 명랑한 대화를 나눈다. 영국과 아일랜드의 긴장 문제, 영국 내 여러 갈래 민족관계, 영국 여왕이 국민에게 차지하는 영향력 등 진지하고 솔직한 얘기들이 오간다. 살아 있는 효모가 창조해내는 생맥주의 향연 속에서 대영제국 후예와의 베틀 대화가 깊어진다. 여행 책자를 들고 바삐 스쳐가는 여행자들이 맛보지 못할 런던의 속살들을 들춰 보며 기분 좋게 취한다.

7월 28일 월요일~29일 화요일,
스톤헨즈-바스-캐슬쿰-코츠월즈

허허벌판에 세워진 석기시대 돌기둥 스톤헨지를 둘러보는 수많은 관광객들은 성스러운 종교의식을 치르는 듯 진지하다. 스톤헨지 돌들이 놓인 모양새는 그리스 신화에 등장하는 신들이 심심풀이로 한판 놀다가 치우지 않은 윷놀이 뒷자리처럼 느껴진다. 한국이나 영국이나 놀이판에서 폼 잡는 사람들은 정말 재미없다.

빗길 뚫고 도착한 '바스'는 1세기 로마의 사나운 기운이 유럽을 뒤덮을 무렵 영국을 점령한 로마군들이 헛된 피를 씻어내며 소란스럽게 휴식을 취했다는 곳이다. 당시 모습 그대로 남아있어 편하게 시간여행을 떠날 수 있는 신비로움에 압도된다. 멀리 산허리를 따라 늘어선 오래된 집들은 도열한 로마 군병의 유령들처럼 비현실적이다. 집집마다 삐죽이 솟아난 굴뚝의 막힌 구멍에선 잊힌 세월이 삭혀내는 역사의 군내가 난다.

'가장 잉글랜드다운 시골'이라는 여행 책자의 표현에 홀려서 찾아든 코츠월즈의 숨겨진 숲 속 마을은 꿈결 같다. 한순간 멈춰 버린 시간 속에 던져진 듯 마을은 추억의 향기를 품고 오랜 시간의 위엄을 느끼게 한다. 숲 속 터널 길과 드넓은 구릉지, 밀밭과 낮게 드리운 하늘, 빠르게 밀려가는 구름, 마을 앞 냇가에서 투명하게 떠다니는 송어 떼, 도무지 속마음을 알 수 없게 변해가는 변덕스러운 날씨들을 느긋하게 맞이하며 낯선 이국 풍경에 아스라이 빠져든다.

8월 1일 금요일

비틀스의 도시 리버풀의 유혹을 떨치고 피크 디스트릭트 국립공원으로 빠져든다. 맨체스터에서 만난 셋넷들은 영국에 온 뒤 8,9개월 동안 이민국에서 지정한 공간에만 갇혀 있었다. 난민 비자를 받는 지루한 절차를 밟고 있었던지라 잠시나마 동네를 떠난 나들이로 다들 들떠 있었다. 이번 여행은 운이 계속 따라준다. 영국 날씨는 늘 좋지 않아서 관광객들이 낭패 보기 일쑤라는데, 계속되는 맑은 날씨 덕분에 짙푸른 풍경 속으로 경쾌하게 들락거린다. 마주치는 사람들 모두 친절하다. 영국 사람들은 무뚝뚝하고 차갑다는 생각들은 어떻게 내 머릿속에 담겨 있는 걸까. 편견이란 게 참 무섭다는 것을 새삼 떠올린다.

8월 2일 토요일

어제 나들이로 상쾌해진 아이들이 안쓰러워 하루 더 머물기로 하고, 영국에서 제일 아름다운 풍광이 숨겨져 있다는 레이크 디스트릭트를 둘러본다. 어쩌면 난민 비자를 받지 못할 수도 있다는 불안감에 눅눅해진 아이들의 기분이라도 맑게 풀어주는 게 내가 줄 수 있는 소박한 선물이다. 아름다운 호수들을 에워싸고 이쁘고 착한 마을들이 정답게 펼쳐진다. 큰 도시니 시골의 작은 마을 어느 곳에서도 이방인들을 만난다. 현지와 타협하지 않은 중국음식점과 중국인들의 삶은 당당하고 자연스럽다. 시간이 더디게 흘러서 사람들이 여유로운 건지 느릿느릿 긴장하지 않아도 되는 삶과 부드러운 시선들이 참 좋다. 적대적인 서울의 긴장과 미친 듯이 질주하는 삶의 속도들이 지난 생의 기억처럼 아득하다.

―――――

맨체스터에서 만난 셋넷들은 난민 인정을 받지 못하고 그 해 가을 모두 한국으로 쫓겨 돌아왔다.

8월 3일 일요일

스코틀랜드 수도이자 북해의 거친 바다 옛 영화로움이 고스란히 남아있는 에든버러에 넋을 잃는다. 도시 전체에 과거와 현재와 미래의 시간들이 사이좋게 담겨 있다. 길 건너편에 털들이 성성한 거구들이 펜 파이프를 불며 북을 두드리고, 골목길에는 줄 인형이 롤러스케이트를 탄다. 사람들은 행복한 표정으로 동전을 던지며 1인 밴드의 경쾌한 음악과 노래를 축복한다. 자동차가 사라진 거리는 마술처럼 꿈틀거리고 춤춘다.

철호는 정착금을 주고 집을 주었던 한국이 싫어서 떠나온 건 아니라고 강변한다. 파도처럼 밀려오는 자격시험들이 힘겨웠고, 무조건 학력을 요구하는 사회에서 할 수 있는 일들이 없어서 주변부 일자리들을 기웃거리면서 방황했다고 한다. 하는 일마다 불안했고 선택한 자리마다 겉돌다가 정처 없는 심정으로 떠났단다. 경계를 넘는다는 게 두려웠지만 학력이나 인맥에 얽히지 않는 환경에서 다시 시작하고 싶었다고 한국을 떠난 심정을 회상한다. 자신의 무모한 선택이 행복한 미래를 만들 수 있도록 열심히 살아보겠다며 다짐한다. 뭘 해도 이상하게 쳐다보지 않고 무심하게 대해주는 이 나라가 좋단다. 사물에 대한 자신의 생각과 삶의 태도를 눈치 보지 않게 외면해주는 이곳 사람들이 말이 통하지 않는 그만큼 편안하단다.

──────

2018년 여름 다시 만난 철호는 그 도시의 소문난 한국식당 수석 요리사가 되어 다국적 종업원들을 이끌고 있었다. 그의 다짐처럼 사내아이 둘을 낳아 행복하게 산다.

8월 5일 화요일

스코틀랜드의 진수를 맛보러 1박 2일 짧은 소풍을 떠난다. 끝없이 이어진 길이 한순간 꺾이면서 낯설게 펼쳐진 풍광에 압도된다. 눈이 녹색에 반하고 온 몸이 초원의 빛으로 차츰 섞어든다. 가슴이 풀빛으로 채워지고 토해내는 숨마저 투명한 녹색 빛깔이다. 영혼마저 온통 녹색으로 물들 무렵 자동차는 더는 나아갈 수 없어 도로를 벗어나고 만다. 이 낯선 아름다움은 어디에서 오는 것일까. 벅차오르는 떨림의 정체는 무엇인가. 스코틀랜드 최북단 스카이 섬 산들 사이로 저무는 해는 밤늦도록 신비로운 빛으로 뒤척인다.

황량한 섬 언덕에 외롭게 자리한 유스호스텔 여주인이 한국에 대한 호기심을 숨기지 않는다. 이 숙소에 한국인들이 처음인가 보다. 인구가 남북한 합쳐서 칠천 만명이라고 하니까 눈이 커진다. 북한 사람을 만나 봤냐고 대뜸 물어온다. 북핵문제가 땅끝마을 아줌마에게 한반도를 기억하게 한다. 속으로 혀를 날름거린다. 지금 당신 숙소에 두 명이나 묵고 있어요.

노르웨이.. 환승역, 쿠오바디스 도미네
8월 7일 목요일
영국의 비싼 물가에 두 손 다 들어버렸는데 그보다 더 비싸다는 노르웨이로 건너와서 두 발까지 만세를 외친다. 오늘 밤 머리 둘 곳 없는 나그네는 정처 없건만 노르웨이 수도 오슬로는 얄밉도록 화창한 날씨로 이방인들을 반긴다.

8월 8일 금요일

지갑은 허전해지고, 머물 시간도 빠듯하고, 엎친 데 덮친 격으로 1년 중 가장 붐비는 여행 시즌 중에 마주한 오슬로는 친근하지 않다. 오 감독과 궁리 끝에 밤 열차를 타기로 한다. 칠 년 전 인도에서 써먹었던 배낭여행 방식이다. 숙소비용을 줄이고 여행 시간을 단축시키되 기차에서 쪼그려 새우잠을 자야 하는 고된 여행이지만 어떤 식으로든 경비를 줄여야 한다는 절박함 때문에 3박 4일 노르웨이 일정에 그 방식을 다시 소환한다. 밤기차가 주는 낭만 풍경은 변함이 없지만 빠진 머리털 숫자만큼이나 몸이 예전 같지 않다. 잠 못 이루는 밤 머나먼 북반구를 달리는 기차 창문 저편에서 뒤척이는 너는 대체 누구인가.

8월 9일 토요일

눈을 뜨자마자 마주친 곳은 노르웨이 옛 수도 트론헤임. 바이킹의 영광이 깃들어있다는 바닷가 도시다. 바이킹 후예답게 오가는 젊은이들은 건장하고 미끈하다. 비행기로 불과 한 시간 반 거리지만 영국과 전혀 판이한 풍경은 여인에게서 분명하다. 영국은 아이들조차 온통 비만인데 도무지 살찐 여자가 없다. 냉정한 기운, 세련된 옷차림, 주눅 들지 않은 자신만만한 여인들의 나라 노르웨이는 북반구 아침햇살처럼 상큼하다. 하지만 어디에도 미선(가명)이가 없다. 경민(가명)이를 만날 수 없다. '얘들아, 너희들은 대체 어디 살고 있는 거니? 간절한 우연으로라도 잠시나마 마주칠 수 없는 거니?'

미선이는 오슬로역으로 만나러 오지 않은 이유를 나중에 들려주었다. 그 당시는 불안하고 위태로운 심정에 휩싸여 있었단다. 나를 만났더라면 같이 한국으로 돌아오고야 말았을 거라며 회상했다. 미선이는 그곳에서 검정고시를 거쳐 노르웨이 정규 대학에 진학했다. 무사히 졸업한 뒤 안정적인 직장생활을 하며 두 아이의 엄마로 살고 있다.

노르웨이를 떠나며.. 경계와 공존

뭉크의 유명한 그림 '절규' 앞에서 수많은 사람들이 북적대며 심각한 표정을 짓는다. 나는 절규 왼쪽 반라의 포즈로 몽환적인 눈짓을 흘리는 '마돈나'에 더 끌린다. 미술관 구석에서 몸과 마음을 잠시 멈추고 여행을 돌아본다. 지치고 서글펐던 밤 열차의 불편함, 몸을 구겨 겨우겨우 잠을 청했던 공항 의자, 공원 벤치에서 슈퍼마켓 샌드위치로 허기진 배를 채웠던 여행의 고단함들은 길 떠난 셋넷들을 찾아가는 애틋한 여정이었다. 막막하고 외로운 서로를 위로하고 격려하기 위해 필요한 일상의 배움들이 셋넷이 가꿔온 대안교육의 길이다. 미선이와 경민이를 만나지 못한 꼰대 나그네는 아쉬움으로 자꾸만 뒤돌아보는데, 오슬로역을 떠나는 기차는 망설임이 없다.

완만하고 부드러운 초원에서 양들이 놀고 덩달아 사람들이 느긋하게 어울리는 토담집의 나라, 자유와 방종이 정답게 동거하는 잉글랜드에서는 철수와 영희의 불안한 꿈들이 잠들지 못한다. 거칠고 웅대한 자연과 비바람 몰아치는 황량한 초지의 기운으로 스스로를 지켜가는 나라, 자존심 강한 위스키로 나를 취하게 했던 스코틀랜드는 수일이와 민근이의 행복한 미래가 꿈틀거린다. 완강한 숲들에 떠밀려 바다를 개척할 수밖에 없었던 그림엽서의 나라, 타인의 시선 따위 아랑곳하지 않는 노르웨이는 미선이와 경민이의 등불 같은 삶의 여정이 숨어 있다.

철수와 영희와 수일이와 민근이와 미선이와 경민이가 숨 쉬고 꿈을 가꾸는 나라들이 이제 나와 끈적하게 연결된다. 대한민국이라는 경계를 넘어 무한공간으로 확장되는 기회의 땅들, 길 잃은 이방인 영혼들이 간절히 생존을 지켜가는 기나긴 여정의 나라들을 미련 없이 떠난다. 안녕! 세계 속의 셋넷들아! 무소의 뿔로 거침없이 나아가거라.

2009 인도

홀로 걸으라 그대 행복한 이여!

셋넷 인도 여행은 '나마스테 평화야 놀자!'라는 주제로 2009년 1월 21일부터 2월 11일까지 22일간 실시했다. 2006년 중국(대련-연길-백두산-북경)과 몽골(울란바토르-테를지), 2007년 네팔(카트만두-랑탕)에 이어 남북 청소년들이 함께 준비한 세 번째 국제활동이었다. 남북의 또래 청소년, 대학생, 자원교사 25명이 참여했다. 인도 빈곤지역에서 봉사활동을 펼치며 추상적인 평화의 의미를 구체적으로 느끼고 실천의지를 다지는 '평화연습' 여행이었다. 셋넷은 분단을 넘고자하는 집단적 열망과 역사적 과제를 일상의 자리에서 고민했다. 서로 다른 문화와 역사적 차이를 지닌 이질적인 사람들이 더불어 살며 풀어가야 할 소통의 문제라고 확신했지만 현실은 쉽지 않았다. 낡은 이념으로 굳어진 오래된 사회적 틀이 완강했다. 우리를 사로잡고 있는 편견을 인정하고 고백하기가 어려워서 매번 힘겨웠다.

인도 여행은 졸업생 광혁(당시 재학생)이가 불편한 여건에서 악전고투하며 영상에 담았다. 셋넷 홈페이지(www.setnetschool.com)에서 볼 수 있다.

22일 델리
아이들
인도는 신들의 나라다? 아니다
인도는 신의 아이들 나라다
거리에 버려진 아이들의 나라다
무기력한 아이가 절망하는 아이를 보살피는 나라다
아이들 미소가 슬프도록 투명한 나라다
아이들이 거리의 생존 신호등이 되어 뒤척이는 나라다
다 커버린 아이들이 하루 종일 먼지처럼 떠다니는
이상한 나라다

패션
우리는 자기 몸을 옷에 맞춰 눈치보며 산다
인디언들은 몸의 곡선을 따라 옷과 함께 공존한다
우리는 제국의 논리로 가꾼 색깔들로 삶과 인간을 구분한다

인디언들은 다양한 신앙의 색깔들로 삶을 풍요롭게 한다
우리는 차별과 배제로 정교하게 엮은 자본주의로 치장한다
인디언들은 마음 한 가지로 누빈 평등한 천으로 몸을 감싸고
태고 적부터 연결된 생명의 신비를 거리와 시장에서
기억한다

편견

인도는 게으르지 않았다
늘 몸을 움직이고 천천히 꼼지락거렸다
인도는 청결했다 놀랍게도
자신과 주변을 최소한의 열량으로 치우고 닦았다
인도는 검소했다
소 똥과 길고 홀쭉한 밥알 한 톨조차 정성으로 대했다
인도는 무례하지 않았다
소박한 호기심과 수줍은 우정으로 정답게 맞이했다
나의 세련된 편견이 부끄러웠다

23일 아그라

오토릭샤

인도 오토릭샤는 폭죽을 닮았구나

약속된 목표를 한 순간 좇아가는 짜릿함과

예측할 수 없는 야한 성질과

길들임을 거부하는 거침없는 질주까지

인도의 오토릭샤는 폭죽을 쏘옥 빼닮았구나

24일 낙푸르 가는 길

종교

태어나고 살고 죽음에 이르니

나를 사로잡는 신은

나(우주)를 탄생(브라흐마)시키고 유지(비슈누)하고

해체(재창조-시바)시킨다네

내 속엔 내가 너무도 많아

3억 3천의 신들이 정답게 얽혀 있구나

(다신론적 일원 신앙-힌두교)

오래도록 살고 싶지만 결국 죽음에 다다르니

선(데바)을 그리워하며 악(아수라)과 기꺼이 동행하지

아득하게 이어온 피할 수 없는 투쟁이어라

모순

인디언들은 금욕적이면서 에로틱해

무지 속에 살며 무지를 숭배하고

무지를 뛰어넘으려고 무모하고 뻔뻔스러워

주저하지 않고 더럽히고 거침없이 파괴해

자신들을 지켜주는 시바신에 대한 대책 없는 믿음 때문일까

정화되고 재창조되는 운명을 추호도 의심하지 않아

25일 낙푸르 인디아 피스센터

닥터 존

게스트하우스 주인장 '존'은

인도에서 이루지 못할 꿈을 일구는 사회개혁 박사

거실 벽 최후의 만찬 앞에서

경건하게 기도하는 희귀한 크리스천 인도인인데

아침마다 비슈누 신 앞에서 불을 밝히고 꽃을 뿌리는

도무지 경계 모를 알짜배기 간디주의자이기도 해

브라만 출신 '라지' 아줌마와 계급 뛰어넘는 사랑에 빠진

그의 이름은 '위대한 닥터 존'

인도 지방도로

빠라빠라 빠라바~

흥부네 가족들 입고 있는 옷처럼 헤지고 갈라진 길을

놀부 부부에게 흠씬 두들겨 맞은 고물차들이 미친 듯이

질주한다

머리는 텅 비고 가슴은 바들바들 서늘해져서

온몸으로 참회의 기도 드리니

아랫도리 절로 저릿해온다

인도의 아찔한 도로

놀이동산 롤러코스터가 따로 없구나

여행

피할 수 있는 것도 아니고

비장하게 즐겨야 할 무엇도 아니니

그대 그림자를 보라

결코 기억하지 말기를

슬퍼마라 우리 늘 외롭지 않은가

그대와 나 그림자 문득 가벼워지면

길 위에서 다시 만날 수 있기를

바람처럼 다시 떠나리니

26일 손말라

인도 중부지역 낙푸르 인근 손말라 마을은 인도인들조차 접촉하기 꺼리는 불가촉천민이 모여 사는 곳이다. 정부로부터 토지를 임대받아 농사로 생계를 꾸려가는 작은 마을이다. 인도는 물이 귀한 나라다. 6월부터 8월 사이에 찾아오는 지역 계절풍 몬순시기에 집중되는 비를 모아 두었다가 일 년 동안 사용한다고 한다. 손말라 마을에는 저수지가 두 개 있는데 저수지 하나의 둑이 무너져 있었다.

우리가 일주일 동안 해야 할 주된 봉사활동은 무너진 둑을 보수하는 일이었다. 낮 기온이 50도까지 오를 정도로 더워서 새벽 4시부터 오전 11시까지 작업을 해야 했다. 휴식을 취하고 낮잠을 청한 뒤 더위기 가라앉는 오후 4시부터 머물던 마을학교에서 동네 아이들을 모아 다양한 문화프로그램을 진행했다. 자원봉사로 참여했던 미대생들이 지저분한 학교 담에 이쁜 그림도 그려주었다.

 손말라 주민들은 타지인들의 왕래가 전혀 없고 낯선 이방인의 방문이 처음이었던지, 멀찌감치 떨어져서 경계와 호기심으로 우릴 관찰했다. 그들은 무모하기 짝이 없는 둑 보수작업을 지켜만 보다가 마을 저수지를 만드는 작업에 공감했는지 하나둘씩 참여했다. 원시적인 작업도구뿐이었고 열악한 환경이었지만 인원이 60여 명으로 늘어나자 둑쌓기 작업에 속도가 붙었고 무난하게 마칠 수 있었다. 주민들과 얼싸안고 기쁨을 나눴다. 기쁨도 잠시

 노동에 익숙했던 북조선 출신 셋넷들과 이런 일을 처음 해본 남한 서울 출신 대학생들 간에 일의 분량과 방식 때문에 갈등이 생겼다. 셋넷들은 일은 제대로 못하고 말만 앞세우는 남한 젊은 이들이 못마땅했다. 처음 접하는 노동과 살인적인 더위에 지친 남한 대학생들은 조건과 환경에 연연하지 않는 이방인 또래 친구들의 배려 없음에 분통을 터뜨렸다. 둑은 완성되었지만 이후 여행은 둘로 쪼개지고 말았다. 우아하게 생각했던 '다름'은 훨씬 불편했다. 만만하게 여겼던 '차이'는 여전히 낯설었다.

 내 글이 닿지 못한 손말라 마을 풍경과 사람들, 힘겨웠던 둑

쌓기 작업 모습은 셋넷 광혁이가 정성껏 영상에 담았다. 마을 아이들과 행복하게 놀던 현지의 해맑은 얼굴과 빈둥대던 동네 청년들을 독려하며 작업하던 은지의 그을린 얼굴이 생생하게 떠오른다. (현지는 방송인이 되었고, 은지는 사회복지사로 일하고 있다.)

손말라 사람들

아직 빛조차 깨어나지 않은 새벽
이 집 저 집 끼룩끼룩 펌프질 소리 딸꾹질하네
물동이 이고 싸리 두른 여인들
오랜 세월로부터 쉬지 않고 걸어온다네
허물어진 울타리 틈으로 호기심 가득 찬 눈동자들
삽 들고 둑 만들러 가는 손님 노동자 훔쳐보는데
뉘 집 버펄로 선잠 깨어 늘어지게 하품한다네

손말라 마을 '둑쌓기'

무너진 둑 쌓다 초원 향해 똥을 싼다
가랑이 사이로 날랜 새 한 마리 휘익 지나가자
온갖 살아 있는 것들이 나그네의 외롬 감싼다

문득 재작년 몽골 초원

가랑이 사이로 질주했던 말발굽 소리에 진저리 친다

무너진 둑이 세워지면

채워진 물로 손 말라 마을 180가구

사람들과 동물들이 육 개월 동안 살 수 있다

절뚝거리는 멍든 몸 파스로 숨긴 정혁이는

광혁이와 밤새 만든 마대자루 어깨에 단단히 걸고

핏기 하나 없는 마른 흙을 묵묵히 퍼 담는다

육십여 명 착한 땀들로 채워 새 물길 열자

먼지조차 성스럽게 반짝이는 까닭은 무엇인가

인도의 미친 더위 먹고 기절했던 현지는

콜라 먹고 담박에 초생달 미소가 피어나는데

작업반장 은지가 늠름하게 쏘아댄다

'야, 너 빨리 일 안 해?'

손말라 마을청년 '쉬슈바'

쉬슈바는 잘 생겼고 잘 빠졌다

쉬슈바는 심심했고 일이 없었다 그래서

쉬슈바는 무너진 둑 위에서

하루종일 우릴 구경했다 그러다

쉬슈바는 선선히 우리 일을 거들었다 열심히

쉬슈바는 스물한 살이고

마을에서 제일 삽질을 잘했다

쉬슈바는 풍선으로 만들어준 칼을 차고

신이 나서 동네를 떠다녔다

쉬슈바는 누가 시키지도 않았는데

우리 잠자는 마을학교 문을 굳게 지키다

오가는 동네 사람들 원성을 샀다

쉬슈바는 쉬고 있는 우릴 돌아보며

아무 걱정 말라고 엄숙하게 손짓한다

스물한 살 잘 생긴 마을청년 쉬슈바는

늘 심심하지만 언제나 웃는다

그는 마을에서 제일 바쁘다

쉬슈바는 나를 볼 때마다 잊지 않고 묻는다

'헤이 티이쳐, 오케이?'

31일 손말라 마을학교 나무

손말라 마을엔 크리스마스트리가 하나 있지
더위에 지친 마을 전기불이 넋을 놓자
아이들 웃음소리 어둠을 쫓고
반딧불 소란스레 짝을 찾으며 속삭이는 거야
메리 크리스마스!

반딧불 캐럴 소리에 문득 올려다본 하늘은
가난한 손말라 마을을 닮았어
성긴 천 사이로 삐져나온 별빛들 때문인가
손말라 사람들 밤늦도록 잠들지 못하고
왓스 유어 네임?

알아서 뭐하게
반딧불 한 마리 낄낄거리며 폴폴 날고
꼬레아? 응
번져야 사랑이라며 두성이가 졸린 목소리로
노 프라블럼!

배고픈 풀벌레들 찌릿찌릿 울며

소망 잊은 손말라 아이들 쓰다듬고

거룩한 반딧불 나무 한그루

성탄 축하 불 환히 밝히는 밤

해피 뉴 이어!

2월 2일 낙푸르 아쉬람

인도는 거대한 대륙 국가로 22개 언어와 네 부류 인종, 수많은 토착 종교를 품고 있다. 위대한 역사와 문화를 이해하기 위해 여행을 떠나기 전 조별 사전조사와 집단토론을 여러 차례 진행했다. '사진 찍는 인증샷 추억여행'이 아니라 '체험하고 공감하는 다문화 여행'을 하고 싶었다. 여행하면서 인디언처럼 손으로 식사하고, 사원에서 명상수련도 하고, 조별 미션 과제를 수행하는 방식으로 현지인들과 직접 만나는 체험활동을 구체화했다.

아쉬람 순례

비노바 바베에게 길을 묻는다

그대 평인한가

나는 빈둥거린다 땡그렁!

바람 불어 나뭇잎 울릴 때

조금만 더 멀리 바라보고 싶다

내게 사랑을 설득하지 마라

새들의 소리를 닮고 싶을 뿐

비노바 바베가 화답한다

홀로 걸으라 그대 행복한 이여!*

---

* 비노바 바베 사진 명상집 제목.. 비노바 바베는 간디 제자이자 간디 사상의 계승자다. 인도 독립(비폭력 저항운동)과 가난한 이들의 지위 향상(토지헌납운동)을 위해 실천하는 사회개혁가로 평생을 헌신했다. 그는 모든 경계를 허무는 사랑만이 변혁의 힘이라고 믿었다.

2월 4일 트리찌(타밀) 가는 길

인도 뮤직비디오

쫄라왕조 사원 신비함에 취해

발리우드 뮤직비디오를 본다

과도한 감정표현

유치 찬란한 동작의 연속

자극적 색상의 난무

떼 지어 화면을 메우는 군중들

반복되는 강렬한 비트의 연속

상상을 비웃는 황당함에 허탈하던 찰나

거대한 남근상 신에게 온 삶을 바치던

수천 년 광란의 몸짓들이 다투어 당도한다

하늘님 찾는 비루한 존재들의 아우성

미움을 모르는 몸짓

빈부귀천 뒤섞인 냄새들이

먼지처럼 아우성치며 온몸으로 파고든다

제국 채찍 탐욕의 올가미에 굴하지 않는

위대한 인도의 힘이여

편견에 사로잡힌 내 오감을 해체하라

자본주의 낙원에서 추방된

가여운 로컬버스조차 덩실덩실 춤을 추는데

어찌할꼬 내 어여쁜 꼬리뼈

2월 6일 마람뿌람버럼

시간

달빛, 뱅골의 바다는

잠들지 못한다 뒤척이며

파도, 세상의 배들은

늙고 지쳤다 병사의 휴식*

남인도의 깊은 밤

태양, 천 년의 바위는

여전히 관능적이다 꿈틀대며

바람, 따밀의 사랑은

먼 시간 여정에도 찬란하다

신들의 늠름한 한낮

---

*로슈포르 소설 제목

2월 7일 첸나이 바닷가

 소통할 수 있을까. 갈라진 한반도를 떠나 먼 이국땅을 여행하고 봉사활동을 했던 이유였다. 낯선 환경과 문화와 학교에서 나고 자라고 학습된 우리가 친구가 될 수 있을까. 남북 참가 청소년들을 4~5명 단위 자치 조로 나눠 책임과 자율로 의견을 나누며 따로 또 같이 여행했다. 22일간의 고된 배낭여행에서 확연하게 느낄 수 있었던 다름과 미묘한 차이들. 우린 하나로 떠났지만 집으로 돌아가는 길은 각자였다. 손말라 마을 봉사활동 작업에서 생긴 충돌과 상처들로 뿔뿔이 흩어졌다. 인도에서 나눈 고민과 갈등들이 서로 다른 우리를 이어 줄 소통의 씨앗이 될 수 있을까.

2001년 인도에 있었던 나는
환희에 차 있었다 낯선 신비로움으로 반짝였다
2009년 첸나이를 떠나는 셋넷의 나는
인간에 지치고 참담하다
하나로 출발했던 우리는
스물다섯으로 뿔뿔이 흩어져 쓸쓸하게 귀환한다

갈라지고 나뉜 것이
여행자의 고단한 기억이라면
감당키 어려웠던 외로움이라면
얼마나 아름다운 홀로일까
우호적인 시선들을 애써 외면하고

서로를 기억하는 일상이

부담스러워 불편해질 무렵

이렇게라도 서둘러 미워해야 하는 걸까

사람과 사람을 이어주던 일방적인 믿음은

속절없이 허물어지고

습관으로 얼룩진 상투적인 타인 앞에서

성스럽다 믿었던 감수성은

예의도 없이 흩어지고 만다

우리 잠시 정다웠지만

어제의 낡은 친밀함으로

오늘 서로의 상식을 조롱하고 상처를 주었으니

이제 격의 없이 헤어져야 할 시간

부디 나를 용서하시게

평안하기를!

2월 9일 방콕 공항

자유

인도 여행 틈틈이 리영희의 ≪대화≫를 읽었다
'남이 준 것으로 인해 자유의 영역이 확대되는 것이 아니라
스스로에게 제약과 규율을 가할 때
보다 더 의미 있고 높은 정신성으로 자신을 승화시킨다.'
높은 정신성? 어지럽다
승화? 부담스럽다
열만 받지 말자 내 그리운 자유
바보처럼 무너지지 말자 아득한 내 자유

굿바이
안녕, 위대한 간디의 나라
안녕, 새벽 새소리 비노바 바베
안녕, 진정한 평화 닥터 암베르카르
안녕, 아름다운 동행 인디아 피스센터
안녕, 반딧불 손말라마을
안녕, 따뜻했던 뱅골의 파도
안녕, 거대한 남근상
안녕, 아찔한 인도의 혼돈
안녕, 품을 수 없는 인도의 자유

안녕, 고단한 짜이

안녕, 상처 받은 내 영혼

안녕, 그림자 없는 길 위의 나그네

안녕, 천 년의 바람

안녕, 한없이 슬픈 인디언

2월 11일 인천공항

인디언 보이

일류대 진학하느라 미처 인간이 되지 못한 아이

눈부신 무모함으로 위풍당당한 아이

종잡을 수 없는 유머로 활기찬 아이

두려움 때문에 현재에 머물지 못하고 시들던 아이

있는 듯 없는 모두를 감싸는 아이

사랑받고 싶어 쉬지 않고 흔들리던 아이

자신을 사랑하지 못해 미움과 분열을 만들던 아이

고단한 미래에 굴하지 않고 아름다운 세상을 꿈꾸는 아이

따뜻한 눈물로 세상과 소통하는 아이

인간을 향해 무한한 긍정을 베풀던 아이

분단의 촌스런 상처를 부끄럽게 여기지 않던 아이

천방지축과 좌충우돌로 주목을 끌던 아이
낯선 곳에서 당당하게 진화하며 스스로를 돌보는 아이
체험으로 일상을 채워가는 당찬 아이
매 순간 타인과 비교하며 어쩔 줄 몰라 하던 아이

빗방울이
풀잎을 적시듯
나는 그렇게 지상을 스쳐 지나왔다
내 앞에 열린 길과 내 뒤로 닫힌 길 사이에
저녁은 오고
오지 않는 희망은 잠시 머물기도 한다
누가 나에게
머무는 법을 가르쳐 주었지만
나는 다 잊어버렸다 바람의 질서와
구름의 질서 그리고 파도의 질서를 따라
나는 흘러가고 흘러올 뿐
나그네는 길에서 쉬지 않는다.

- 나그네는 길에서 쉬기도 한다, 남진우 -

왜그래, 가 아니라

2010 네팔

비움과 채움, 나를 위해 떠난 여행

학교를 시작한 뒤 처음으로 학생들 없이 여행을 떠났다. 1991년부터 시민운동단체에서 일했다. 당차고 반짝이던 동료들이 지치고 방전되어 하나 둘 떠났다. 정의를 지키는 일이 영양가 있는 밥을 먹여주지 않았다. 여럿을 행복하게 해주는 착한 일들이 편히 쉴 잠자리를 제공하지 않았다. 처음에는 홀로 씩씩하게 일하다가 사랑하는 사람이 생기면 고민하며 일한다. 몇 년 뒤 가족이 생기고 힘겹게 일하다가 미안해하며 사라진다. 오래된 시민운동 판은 고만고만하고 좀처럼 다져지지 않는다. 불안한 일터를 지켜줬던 생기는 치기稚氣로 변질되고, 소박한 꿈들은 질척거린다. 배교자의 마음을 품고 자본시장 전사로 변신하기도 하고, 여의도 국회의사당을 배회하면서 미련처럼 낡은 꿈들을 기성 정치판에 바겐세일한다. 동료들을 떠나보내며 20년 된 해묵은 불안과 두려움에 갇혀 술집을 전전했다. 현실적인 대안들을 고민하고 탈출구를 찾던 술판들도 시들해진 무렵 '아름다운 재단'이 응답했다. 대안교육을 꿈꾸다 지친 교사 세 명이 자신들을 위한 여행을 꾸렸다. [2010 비움과 채움, 공익단체 활동가 교육과 재충전 지원사업] 애타게 찾던 비상구였다.

방콕에서 만난 내 몸

내 몸은 닫혀있었다. 혼탁한 세상으로부터 지키려던 완고한 몸이었다. 불통의 몸이었다. 타인에 갇히고 관습에 눌리고 스스로에게도 외면을 받았던 불우한 몸이었다. 방콕 젊은이들의 거리에서 내 몸은 활짝 열린다. 열린 몸은 즐기는 몸이다. 다름과 차이와 우정을 맺는 몸이다. 타인의 시선 따위 눈치 보지 않는 해방된 몸이다. 나답게 꼴리는 대로 표현하고 발산하는 몸이다.

몸은 세상에 대한 주체적 시선이다. 세상과 관계 맺는 구체적인 통로이자 전선戰線이다. 집단 이기의 잣대로 개개인의 몸을 폄하하거나 불온하게 판단하는 것은 온당하지 않다. 분단을 넘어서야 할 교사의 몸은 환하게 열려야 한다. 늘 살피고 유연해야 한다. '다양성과 차이는 생생한 자유의 표현'(메르켈, 동독 출신 전 독일 총리)이고, 건강한 일상에서 각자의 몸들로 드러난다.

방콕 배낭여행족 거리 카오산에서 만난 세계 각국 젊은 몸들은 눈부신 깃발이다. 낡은 전통과 문화에 갇힌 몸으로 바라보면 마음 한 구석 불편하고 불량스러웠지만 두려움 없는 몸짓들이 신선했다. 저들은 바람이 불어야 휘날리는 깃발이 아니다. 스스로 깃발의 바람이 되어 거침없는 바람들로 서로에게 스며든다. 얼마나 신이 나고 당당할까. 젊음(청년성)이란 계절의 변화처럼 오고 가는 게 아니다. 자기 몸에 대한 애틋한 자각에서 시작되고 솔직 당당한 표현으로 지속된다.

히말라야 가는 길

길 위의 삶은 머물지 않는다. 집착하지 않고 또 다른 길을 목말라한다. 새로운 도전을 찾아 낯선 길을 거부하지 않는다. 내가 살아온 삶은 익숙함에 머물지 않았다. 표준을 의심하고 평균치의 가치를 한사코 거부했다. 내가 걸어온 길은 누군가 가지 않은 길이었고, 누구나 가지 않으려 했던 길이다. 내가 만난 여러 갈래 길을 망설이지 않았던 것처럼, 미지의 삶을 두려워하지 않았던 것처럼, 다시 낯선 새 길 찾아 길을 떠난다.

어미

이 시각 내 삶을 지탱했던 엄마는 깊어진 병마와 힘겨운 싸움을 한다. 내가 맞이할 미래나 엄마가 피할 수 없는 다음 세상은 외롭고 두렵다. 엄마는 이별과 죽음을 넘어서야 하고, 나는 길들여진 낡은 삶을 넘어서야 한다. 어미가 부재한 삶이 두렵다. 당돌했던 내 삶의 실험정신과 거침없던 삶의 태도는 어미의 존재에 대한 무한한 애정에서 비롯되었다. 시간이 지나도 가족들은 내가 하는 일을 달가워하지 않고 학교의 가난은 지워지지 않는다. 나와 셋넷을 지치게 하고 초라하게 만드는 서울을 떠나야 하는데 엄마가 먼저 떠날 채비를 한다.

산

산은 매번 나를 압도한다. 압도하는 기운의 정체는 다양성을 유연하게 품는 힘이다. 내게 없는 힘이기에 매혹적이다. 산은 한시도 멈추지 않는다. 부단히 변화하면서 당황하거나 서두르지 않는다. 위엄과 시선을 모으기 위해 스스로를 내세우지 않는 욕심이기에 닮고 싶다. 산은 한결같다. 기쁘거나 외롭거나 힘겨울 때 편안하게 맞아준다. 이기적인 내가 관계 맺지 못한 사랑이기에 경이롭다. 산과 함께 걷는다. 잃어버린 것들을 헤아리고, 외면당한 것들을 돌아보고, 나 아닌 것들을 참회한다. 세상 욕심과 근심들로 어지러운 나를 비운다. 거기 늘 있던 산의 기운으로 나를 꼬옥 안아준다.

카트만두 아침

카트만두는 이른 아침부터 활기를 띤다. 생산자와 수요자가 직접 주고받는 장터는 혼란스럽지만 생생하다. 타임머신 타고 시간여행을 온 것 같다. 좁고 남루한 거리는 일그러진 고물차들로 어지러운데 감정의 충돌이 보이지 않는다. 무질서로 뒤엉킨 길처럼 보이지만 사람들은 오히려 차분하다. 한국이라면 욕설이 오가고 한바탕 분탕질이 벌어질 아침 풍경이지만, 다양한 종족들이 섞여 살아온 지혜의 선물인지 너그럽기만 하다. 아이들이 어지럽힌 장난감들처럼 카트만두 난장 길들은 정답다.

골목에는 학교에 가야 할 아이들이 떼 지어 빈둥거린다. 세련된 교복을 입은 또래 아이들이 잘 빠진 스쿨버스 타고 딴 세상에서 온 표정으로 지나친다. 이렇게 살아도 되나 싶은 생각으로 착잡한데 네팔리들로 빽빽한 버스는 힘겹게 산기슭에 도착한다.

걷기

가파르게 오르는 네팔 산세에는 자존과 무심이 서려있다. 거친 내 숨을 온몸으로 듣는다. 내 무거운 발걸음을 귀로 생생하게 느낀다. 서울의 탁한 생각들이 땀으로 쏟아져 내린다. 오렌지보다 붉은 분노에 차 있었다. 늘 완벽해야 했다. 합리적이고 경쾌한 추진력으로 늘 긴장해 있었다. 서울의 내 영혼은 미친 일상과, 형식적인 모임과, 정처 없는 지하철과, 이유 모를 술들로 비틀거렸다. 네팔의 내 몸은 숨 가쁘게 비틀거린다. 영혼은 투명해진다. 힘겹게 고개를 넘어서자 거대한 히말라야 흰 산의 무리들이 반겨준다.

길 2

엄마에 대한 나의 기댐은 마마보이의 의존과 다르다. 학습되지 않은 자유 때문에 방황할 때마다 아버지는 당신이 생각하는 합리적인 길로 안내하며 내 삶의 진지함을 촉구했다. 불확실한 길에서 주저할 때마다 벗들은 이미 마련된 안전한 길을 제시하며 나의 경솔함을 강조했다. 그때마다 엄마는 내 선택을 흔들림 없이 신뢰해주었다. 내가 감당할 힘겨운 현실을 염려하고 당신이 할 수 있는 모든 지지를 무한히 베풀었다. 세상의 유혹 너머

나다움을 기억하는 내 삶은 어미의 사랑이 가꾼 길이다. 나의 떳떳함은 길 위에 피운 어미의 꽃이다. 나의 당당함은 내 어미의 눈물이 맺은 따뜻한 열매다.

> 슬픔.. 홍세화《악역을 맡은 자의 슬픔》
> 홍세화의 슬픔의 길 따라 셋넷 공화주의 다섯 원칙을 세워본다.
> 첫째, 학생과 교사가 평등하게 소통하는 교육주권 선언
> 둘째, 기본적 자유의 존중
> 셋째, 사회적 문제(다문화, 평화)에 대한 끊임없는 관심
> 넷째, 교육과 종교의 분리
> 다섯째, 다름과 차이들의 차별 없는 그물망
> (프랑스 역사학자 필리프 다리월라의 프랑스 공화주의 5원칙을 컨닝하다.)

홍세화는 프랑스에서 망명자로 살며 살아남기 위해 택시를 운전했다. 그는 프랑스 사회라는 거울을 통해 공화국을 정의한다. 평등사상, 사회정의와 연대 정신. 남을 배려하는 개인주의에 기초하는 공공성에 주목한다. 힘의 논리 서열의 논리가 관철

되고, 권위를 경배하는 무감각해진 모국 사회의 지식인과 대중에 대한 비애를 숨기지 않는다. 그럼에도 카뮈의 '끝없는 패배'로 기뻐한다. 삶은 이기는 게 아니라 패배다. 끝없는 패배다. 좌절이나 절망을 거부하고 껴안는다. 홍세화는 내가 만난 가장 매력적인 택시 '기사'다. 정의로움과 명예를 목숨 걸고 수호하던 진정한 21세기 '기사'다.

홍세화는 여전히 내게 명예로운 기사지만, 10년이 지난 지금 홍세화가 품었던 프랑스에 동의하지 않는다. 근대 역사의 온갖 악행을 일삼았던 영국 신사만큼이나 한 줌 참회하지 않는 프랑스의 정의로움과 공공성은 허상이다. 프랑스를 미화하는 우아한 지식인들이 안쓰럽다.

박터푸르

박터푸르는 네팔에 올 때마다 꼭 들러 하룻밤 머무는 곳이다. 작고 소박한 왕궁이지만 나를 사로잡는 시간의 마력 같은 게 느껴지곤 한다. 800년 전 기억과 현재의 삶이 욕심 없이 동거한다.

신앙과 삶이 옛날과 오늘을 오가며 적대감 없이 지속되는 모습이 신기하다.

숙소에서 한가로이 내려다보는 광장은 흡사 인종 전시장을 방불케 한다. 나와 닮은 아주머니가 눈에 확 띈다. 인도에서 본 듯한 아가씨가 요염하게 지나간다. 베트남 작은 마을에서 만났던 할머니가 힘겹게 바나나를 팔고 있다. 방콕 뒷골목에서 방값을 흥정하던 아저씨가 은퇴를 앞둔 오토바이의 경적을 요란하게 울린다. 생김새만큼이나 다양한 종교의식이 골목 곳곳에서 쉼 없이 치러진다. 그들 복장 또한 신앙의 대상에 따라 천차만별이다. 서로를 향한 눈짓은 이상하리만치 편안하다. 자신과 다른 생각, 생김새, 신앙, 삶의 방식 때문에 긴장하거나 지치지 않는다. 억압하거나 배제하지 않는다.

기도

여행자 거리 타멜 숙소에서 이른 새벽 잠이 깼다. 추위에 뒤척이며 빈둥거리다 김어준의 《건투를 빈다》를 읽었다. 내가 누구인지, 뭘 할 때 행복한지를 주체적으로 찾고 시도해보라는 김어준의 글을 접하고 순홍이 순호와 셋넷들을 떠올렸다. 딴지 총수는 생존을 위한 삶이 아니라 존재를 위한 삶을 살라고 요청한다. 순홍이 순호가 세상의 욕망을 좇아 복무하지 말고 즐거이 내 꿈의 주인이 되어 살기를 빌었다. 기나긴 상처와 좌절을 겪은 셋넷 아이들의 한 번뿐인 삶을 위하여 건투를 빌었다. 부디 쫄지 말자. 무한정 자유로워지자. 눈물을 글썽이며 서로를 사랑하자.

해후

카트만두 공항에서 포카라 가는 비행기를 기다린다. 흰 옷과 하얀 모자를 쓴 허연 수염 할아버지가 깊은 강물 흐르듯 걸어 나온다. 가족들이 기쁨으로 몰려든다. 호들갑 떨며 포옹하지 않는다. 소란스럽지 않다. 그의 두 손에 허릴 낮추고 경건하게 입 맞춘다. 노인은 손을 들어 그들 머리를 햇볕처럼 어루만지며 축복한다. 아름다운 해후다.

하늘길

경비행기 흐린 창 너머 눈雪의 바다에 섬들이 있다. 하늘과 땅 사이 흰 산들이 섬처럼 아스라이 떠 있다. 하늘을 여행하는 섬들은 장엄하다. 바닥까지 투명하게 비치는 하늘바다에는 갖가지 모양을 띤 무지개 색 구름들이 해파리처럼 헤엄치며 히말라야 섬들을 에워싼다. 저 바다로 순식간에 빠져든다. 포카라!

기도 2

함께 온 교사들과 호숫가 숙소 옥상에서 허락되지 않은 산 마차푸차례를 보며 네팔 술을 주고받는다. 처음 학교를 시작할 때 거리로 쫓겨나 가슴 졸이고 다급했던 시간들을 떠올리자 가슴이 먹먹해진다. 셋넷 아이들이 살고 싶어하는 남조선의 평양 서울은 기회의 도시가 아니다. 편을 가르고 선택을 강요하는 비정한 도시다. 가진 자들과 자손들이라야 안식을 누릴 수 있는 고단한 도시다. 거대한 신기루 도시를 떠나야 행복할 수 있는 분단의 아이들과 서울에 갇혀버린 막막한 시간들이 허기진 술상 위로 어슬렁거린다. 치열한 전투가 잠시 멈추고 어색한 휴식을 취하는 병사들처럼 불안한 현재의 시간에 취한다.

순식간에 따뜻한 어둠이 찾아오고 별들 수런거리는 착한 소리에 올려다보는 순간, 어! 별똥별 하나가 내 가슴을 뚫고 길게 사라진다. 잠시 엄마의 삶을 떠올린다. 지금 엄마의 시간에 행운이 허락된다면 무엇일까. 당신의 죽음은 어찌할 수 없겠지만 이별의 고통을 조금이나마 덜어달라고 간절한 기도를 올린다. 참으로 기구했던 길들을 쉼 없이 헤쳐 온 엄마의 마지막 삶이 평안하게 죽음과 동행하기를 빌고 또 빈다.

마음공부

성질 급하고 화 잘 내는 내 카르마가 타인의 카르마를 함부로 침해하고 무심코 억압한다. 지 성질 하나 어쩌지 못하면서, 지 마누라 하나 설득하지 못하면서, 지 새끼들 제대로 건사도 못하는 주제에 남들 삶을 제멋대로 헤집고 사는 꼴이 한심하다고 법륜스님(《스님의 주례사》)이 낮고 부드럽게 꾸짖는다.

롯지

산 풍경은 휘익 바뀐다. 히말라야 산들의 변신은 순식간이다. 산들이 높고 골짜기 깊으니 햇빛 머무는 공간과 시간이 한반도의 경험과 사뭇 다르다. 볕이 없는 그늘은 대낮인데도 살얼음이 깔려 있고 한기가 이만저만이 아니다. 바람까지 불어오면 두터운 외투를 꺼내 입어야 한다. 걸음은 빨라지고 오후는 그만큼 짧다. 히말라야 산들이 잘 보이는 산등성이 숙소에 도착하면 마음이 바쁘다. 한 조각 햇볕이라도 있을 때 대부분의 일과를 마무리해야 한다. 하루 종일 걷느라 젖은 옷을 대충 빨아 여기저기 걸쳐 놓고 미지근한 물로 간단한 샤워를 한다. 산속 따뜻한 샤워는 축복이다. 샤워를 마치면 배낭에 싸온 옷이란 옷은 다 꺼내서 겹겹이 껴입는다.

히말라야 밤은 깊고 두텁다. 어스름이 시작되면 숙소 식당으로 내려가 간단한 먹거리와 따뜻한 차로 고단한 몸을 위로한다. 거침없이 어둠이 찾아들면 세상은 온통 고요하고 저녁 6시 무렵이지만 한밤중이다. 서둘러 따또빠니(숙소에서 여행자에게 공짜로 주는 뜨거운 물인데 지금은 사 먹어야 한다.)를 챙겨 어둡고 차가운 방으로 향한다. 엉성하게 설계된 창문 틈새로 뭐가 궁금한지 히말라야 밤공기들이 사정없이 들이친다. 가져온 티백차를 뜨거운 물에 담가 수도원 방안 같은 무뚝뚝한 기운을 녹인다.

두세 시간 후에는 전기가 들어온다는 주인의 믿지 못할 장담을 뒤로하고 외갓집 오래된 가구처럼 초라한 침대로 기어든다. 겹겹이 껴입은 옷과 두툼한 이불 때문에 호흡조차 힘들다. 이른 초저녁인지라 잠이 올 리 없지만 달리 할 일이 없다. 조그만 빛이라도 있으면 책이라도 읽고 글이라도 남기련만 양초조차 없다. 종일 걸어 고단한 몸뚱이 곳곳에서 아프다고 아우성이다. 피곤한데 왜 잠이 오지 않는지 억울헤히머 창문 밖 별들을 하나 둘 헤아린다. '별 하나에 추억과 사랑과 쓸쓸함.. 별 하나에 어머니 어머니(윤동주, 별 헤는 밤)' 깜빡깜빡 내 안에 별들 품고 수만 년 된 히말라야 어둠으로 여행을 떠난다.

걸기 2

나는 걷는다. 소리 끊어진 침묵의 길을 걷는다. '따또빠니'는 네팔의 마음이라는 생각이 툭 치고 올라온다. 네팔을 걷고 히말라야 품에 머무는 동안 무엇보다 고마운 존재가 '따또빠니'다.

대가 없는 뜨거운 물로 고단한 몸을 녹이고 차와 컵라면으로 지친 기운을 다시 일으켜 세운다. 겁나게 추운 밤들을 오직 '따또빠니' 온기로 버틴다. 끝없이 이어지는 계단식 논과 밭을 일구며 힘겹게 살아가는 네팔리들에게 '따또빠니'는 생명의 그물망이다. 다음 생을 기약하는 생명의 불씨다. 우리네 민초들이 힘든 시절 아리랑 고개 넘듯, 네팔리들도 '따또빠니' 품고 고달픈 이번 생을 욕심 없이 넘는다.

참회

아빠가 미안하구나. 니들에게 잘못한 게 너무 많다. 용서를 빈다. 니들 어린 시절 엄마 아빠 성질 못 이겨 싸움 많이 했다. 남기지 말아야 했던 말과 행동들을 저질렀다. 부끄럽고 참담하다. 너희가 받았을 상처와 고통을 어찌 헤아릴 수 있을까. 용서를 빈다. 자식으로서 부모를 용납하지 마라. 제 욕심에 갇혀 몸부림치던 한 남자와 여자를 불쌍히 여겨 용서해주길 바란다.

너희를 아프게 했던 기억들 때문에 미지의 삶들을 저버리지 않기를 바란다. 부디 어두운 기억에서 놓여나길 바란다. 그래야 너희들 삶이 자유로워질 수 있단다.

누구도 대신할 수 없는 한 번뿐인 삶을 스스로 지키고 돌보기 위해 생의 여행을 떠나면 좋겠구나. 낯선 세상과 소통하며 자신이 어떤 존재인지, 무엇을 하고 싶은지 절실하게 느끼고 깨닫게 되리라. 고정관념과 편견을 넘어서서 정직하게 살고 순하게 사랑하기를 기도하마. 사랑할 염치없지만 사랑한다 말하고 용서받을 자격도 없으면서 용서를 빈다. 어리석은 한 남자가 히말라야 낯선 길에서 참회한다.

마지막 날, 둘리켈

네팔에서 잘 포장된 미끈한 도로를 달리니 뜻밖의 선물을 받은 것처럼 상큼하나. 세수한 지 오래된 듯한 젊은 차장이 차비를 요구한다. 150루피를 달라기에 40루피를 건네니 두말없이 받고 씨익 웃는다. 멀리 히말라야 산들을 바라보는 작은 마을

둘리켈의 개들이 인상 깊다. 우람하고 당당한 네팔 개들을 보며 생존 위협을 받으며 사는 조선의 개들이 떠올랐다. 트레킹 가이드 일을 하는 네팔리 '상게'가 소개해준 [시바게스트하우스]를 찾았다. 얼마? 800루피. 돼지 앞에서 코를 뒤집어라. 뒤도 안 돌아보고 나오니 다급한 소리 들린다. 400루피 어때요? 이래서 네팔 귀엽다.

쉼과 재충전 여행의 마지막 밤, 순박한 여주인 수줍게 웃는 [피스게스트하우스]에서 정성 가득 푸짐한 네팔리들의 백반 달밧을 먹는다. 술을 빚어내는 집집마다 도수가 제멋대로인 네팔의 전통 술 락시도 초대한다. 여린 실내등 하나 밝히고 여행의 마지막 어둠을 맞는다. 두런두런 정답게 이야기를 나누고 추억의 술을 마시다가.. 그러다가 그러다가.. 툭, 말의 상처를 받고 아름다운 산 밤 풍경이 산산이 흩어진다. 여행의 낭만에서 깨어 돌아갈 채비를 하라는 힌두 신의 계시가 왔구나. 오만 정 날아가고 나 새됐다.

나에게
3주 동안 세 권의 책 읽었다. 고맙다.

3주 동안 수염 깎지 않았다. 즐거웠다.

3주 동안 핸드폰 하지 않았다. 기특하다.

3주 동안 두려움 없이 걸었다. 눈물겨웠다.

3주 동안 태어난 곳 그리워하지 않았다. 감사하다.

3주 동안 대책 없이 즐겼다. 참말로 행복했다.

나마스테! 당신 안에 깃든 신에게 인사합니다

다름과 차이를 조건 없이 받아들이고 타자의 상황에서 이해하려는 관용의 정신과 태도가 똘레랑스다. 다문화·평화시대를 살아야 하는 21세기 한반도 원주민들이 품어야 할 시대정신이 아닌가. 분단이 주는 미움과 증오로 아우성치며 치열하게 사는 우리에게, 오래 전부터 공존의 일상을 살아온 네팔이 주는 평화의 선물이다. '나마스테, 당신이 품고 있는 성스러움을 존중합니다. 당신을 지켜주는 한울님께 경배 드립니다.'

2013-2014 필리핀

바라보고 상상하고 해석하라

필리핀 파라냐께 시티 교도소 & 코스탈빌리지 빈곤지역

　열악하기 짝이 없는 필리핀 마닐라 교도소와 빈민촌을 방문한다. 매 순간 열심히 노래하고 춤추고 요리하고 목욕봉사를 했던 향이는, 그곳에서 고향 엄마를 그리워한다. 이런 참담한 곳에라도 엄마가 있다면 언제든 와서 만날 수 있을 거라는 갈라진 목소리에 간절함이 묻어난다. 아득한 이국땅에서 사랑하는 이를 기억하는 향이 눈망울이 깊고 푸르다. 몇 해 전 떠난 엄마가 사무친다.

민도르섬 딸리빠난 해변

　남의 인생에 간섭하지 않는다는 신념으로 쿨하게 사는 셋넷 여행 대장 성표 샘이 놀랍다. 그 무엇도 인간을 변화시킬 수 없기에 타인의 삶에 관여하지 않고 자유로운 영혼으로 사는 그가 낯설다. 20년 넘게 집요하게 남의 인생에 참견하고 세상을 바꿀 수 있다는 믿음으로 살아온 나는 혼란스럽다. 내가 고집했던 대안교육과 대안적인 삶이 뭐였지. 인간과 세상에 대한 희망의 실체는 대체 어떤 것이었을까.

시장 골목 선술집에 들어선다. 필리핀 술 산미구엘이 선사한 대화가 오래 사귄 교사들 마음으로 가을 단풍처럼 번진다. 긴 세월 셋넷과 함께 해온 자원교사 지은 샘이 던진 말에 취기가 확 사라진다. "당신 가까이에서 오랜 시간 셋넷과 함께한 이들을 의심하지 마세요. 시험하려 들지 말아요." 그녀가 찍던 카메라에 내 마음이 너무 많이 노출되었나 보다.

따가이 따이 화산 트레킹

무모하게 학교를 세우고 채워온 10년은 비탈진 삶들의 연속이었다. 위태로웠던 시간을 지탱해주었던 신념을 먼 섬나라에서 헤아려본다. 어떠한 명분으로도 사기 치지 말자. 몸을 머리에 귀속시키려는 연민을 경계하자. 몸이 전하는 솔직한 말에 귀 기울이자. 변명하지 말고 말과 행동을 일치시키자. 어려운 말과 거창한 계획으로 합리화시키지 말자. 상투적인 일상에 지치지 말고 익숙함에 단호해지자. 낯선 곳에 매 순간 나를 세우려 애쓰자. 세속을 향한 욕심에 사로잡히지 말자. 세상에 속한 미련들과 어설프게 타협하지 말자. 10점 만점에 몇 점을 줄 수 있을까… 아프다.

사가다

2014 필리핀 답사여행(마닐라-Banaue-Sagada-Bagio-앙헬레스-피나투보)의 백미는 단연 '사가다' 동굴 트레킹이었다. 3시간 반 동안 날라리 동네 청년 같은 프로 가이드가 이끄는 등불 하나에 의지하여 온몸으로 동굴을 헤맸다. 수만 년 동안 지켜온 동굴의 침묵 속에서 지구의 몸부림이 만든 거대한 동굴의 몸을 촉감으로 더듬거리며 비지땀을 흘려야 했다. 오래된 어둠의 깊은 틈에서 안쓰럽게 바둥거렸다. 무기력한 방관자가 아니라 체험하는 나그네는 행복하다.

성당

'사가다'에서 바기오로 가기 위해 로컬버스를 기다리며 정류장 뒤편 소박한 성당을 방문한다. 본당에 들어서자 나를 반기는 예수의 모습이 신선하다. 나무로 형상화된 예수의 얼굴은 금발의 백인이 아니라 필리핀 거리에서 쉽게 마주치는 평범한 얼굴이다. 동네에서 흔히 볼 수 있는 돌들로 쌓은 재단 위에서 물고기 비린내 물씬 풍기는 예수가 나그네를 맞이한다. 수많은 사연을 품고 오가는 이방인들을 위로한다. 금발의 백인 예수는 제국주의가 만들어낸 우상일 뿐이다. 세상의 모든 예수를 더 이상 욕되게 하지 마라.

버스정류장

필리핀에 가면 필리핀 법을 따르고 즐기는 것이 여행 상식이다. 장거리 버스 예약도 사치스럽고 티켓팅도 따로 없다. 여행은 게으른 여백이자 뜻밖의 선택들이다. 긴장을 모르는 시행착오로 시간과 공간이 뒤죽박죽 엉킨다. 잘 훈련된 머리로 길을 찾지 말아야 한다. 자신의 몸이 기억하는 원시의 힘으로 부딪쳐야 비로소 여행의 흥이 돋는다. 공인된 절차와 익숙한 제 나라 문화에 사로잡힌 나그네는 낯선 길에서 하염없이 헤맬 뿐이다.

섬나라에서 꾸는 꿈

한반도의 상황은 늘 긴박했다. 생존의 도가니에서 살아남은 자들과 살아남으려는 자들이 성난 눈동자로 노려보며 서로를 위로하지 않는다. 아메리카 인디언들은 달리던 말을 멈추고 미처 뒤쫓아 오지 못한 자신의 영혼을 기다린다 했는데, 우리를 태운 분노의 말들은 언제 멈추려나. 한반도에 서식하는 원주민들의 영혼은 가볍다. 낡은 이념에 갇혀 일상의 평화를 그리워하지 않는다. 스스로를 생존 현실에 가둔 채 대박인생을 꿈꾸는 분단의 땅 인디언들은 먼지처럼 가엾다.

다문화 다양성 사회가 초대받지 않은 손님처럼 이미 곁에 와 있다. 분단의 단절과 미움 너머 공존으로 평화를 일궈야 하는 한반도 인디언들은 매 순간 긴장한다. 우리 행복하려면 하나 되지 말아야 한다. 우린 하나였던 적도 없고, 하나일 수도 없다. 하나라는 헛된 신화에서 깨어나야 평화로울 수 있다. 내 삶과 만나는 당신의 행복이 내가 목말라하는 행복과 얽혀있음을 알아차려야 한다. 분단 너머에서 겪고 있는 고통과 슬픔이 우리들의 아픔과 연결되어 있다고 느낄 때, 우리 살아가는 일상이 비참함과 울분에서 빗어나서 인식을 찾을 수 있다.

새롭게 설계하는 셋넷의 10년은 무엇으로 채워야 할까. 너무 쉽게 자신의 삶을 권위에 반납하는 가까운 사람들, 내 영혼을 돌보지 않고 타인의 시선에 쩔어 사는 친숙한 인연들과 어울려 그물망을 짜야 하리라. 내일의 소망이 오늘을 살아가는 일상과 분열되지 않아야 행복하다. 그대 안에 내가 있고 내 안에 당신이 숨쉬고 있다.

2017 다시 인도

왜 그래, 가 아니라 괜찮아
델리 아침(7월 25일)

여행 첫날 아침부터 길을 잃고 착한 '짜이마마'를 만난다. 예약한 택시가 오지 않아 인도인들이 즐겨 마시는 국민차 짜이를 찾아 나선다. 게스트하우스 골목길을 이리저리 헤매는데 정갈한 집 이층 베란다에서 중년의 인도 아줌마가 환한 미소로 나그네들을 맞는다. '그대 친구의 집은 어디인가요?' 그녀가 빚어낸 짜이와 평화로운 눈짓으로 단박에 인디언이 된다. 나마스테 인디아! 굿모닝 델리! 평화가 그대와 함께 하기를!

꿉뜹 미나르

천년의 영광 앞에서 찰칵 한 장, 천년 무상을 돌고 돌아 다시 또 한 장 찰칵. 세상 모든 권력과 사랑은 온데간데없다. 천년 비밀 간직한 다람쥐가 맑은 눈동자로 다가와 속삭인다. '부질없는 욕심과 이기적인 사랑 따위 신들이 펼치는 장난일 뿐이야. 심심풀이 장난질에 위대한 신의 뜻이란 게 있겠어?' 자신을 그만 괴롭히고 주어진 삶을 부디 평화롭게 지내시게.

구르드와라

온갖 살아있는 사람과 동물들이 평등하게 뒤엉킨 델리 거리는 낯선 여행자에게 한없는 절망과 혼돈의 바다다. 망망대해 같은 이국의 거리에서 떠밀려 다니다가 마침내 도착한 성스러운 섬 시크사원에서 작은 위로를 만난다. 오아시스를 발견한 낙타들이 욕심 없이 목마름을 적시듯 생존에 지친 인디언들이 삼삼오오 모여 기도하고 정답게 물가를 거닌다. 사원은 안식으로 고요한데 사원 담 너머 생의 거리는 혼란스럽고, 도시를 치장하는 빈부의 격차는 눈이 부실 지경이다. 이들을 지켜주는 수많은 신들이 '고해라는 인생의 망망한 바다와 삶, 사막을 횡단하는 긴 긴 목마름 속에서도' 여전히 오아시스가 될 수 있을까. '먼 길, 바람 부는 흙먼지 속에서도 때로 미풍 아닌 삶의 격렬한 폭풍과 시련도 오직 당신들의 미소만 있다면 견딜 수 있을까. 어머니, 그리고 사랑하는 그대여, 당신들의 가슴과 우물은 얼마나 깊으신가요.'(최자용, 어떤 낙타의 삶)

타지마할

7월 26일

문명의 길은 철로 만든 괴물들의 오만한 횡포로 뒤덮인 지 오래다. 인도의 길은 문명의 동산에서 쫓겨난 뭇 사물들이 먼지와 소음들로 거침없이 부활한다. 무표정한 인디언들이 부유한 나라에서 추방당한 헐거운 차에 빼곡히 담겨 어디론가 바삐 떠난다. 신사와 예술의 도시에서 정육점으로 향하던 소들은 당당하고 거리낌이 없다. 타지마할로 향하는 흙먼지 길에서 만난 말들은 한없이 여위었다. 광활한 영토를 잃어버린 채 빈 수레를 끌고, 고단한 양떼는 목장 없는 길에서 쉬지 못한다. 천년 왕국의 미친 사랑을 쌓아 올리던 타지마할 백성들은 여전히 길 위에서 길을 잃고 초라한 신들 찾아 길을 떠돈다.

Ashoka U Dr.Reddy's Auditorium

7월 27일

인도에 오기 전 여러 차례 의논하고 결정했음에도 아쇼카 대학에 도착하니 행사 일정과 공연시간이 뒤죽박죽이다. 해명이나 설명 따위는 무시되고 떠밀리듯 무대에 오른다. 이질적인 문화들이 소통하기 위한 절차와 논의와 국제적 약속은 대충 무시되고 파티에 열중한다. 수천 년 이어온 인도의 힘은 밥의 기억이고 밥의 축복이려니 너그럽게 불편해하며 쓸쓸하게 배를 채운다. 저들이 초대하지 않았고 내가 들떠 궁리했을 뿐이다. 억울할 일이 아니지만 저들의 무례함이 평화의 다른 얼굴로 다가오니 내 사랑 하릴없고 착잡하다.

어쩌다 이리도 멀리 떠나 왔을까. 인도에는 카레가 없고 아쇼카 대학에는 인간에 대한 예우가 없구나. 아무렴 어때, 너무 빠르지 않게 걷고 또 걸어가야 하는 길인 것을. 리허설조차 생략한 채 무대에 올랐지만 감동의 공연을 보여준 한반도 평화원정대 남북 젊은이들이 반짝인다. 저들이 빚어낸 평화의 몸짓이 혼탁한 델리의 어둠을 뚫고 머나먼 분단의 밤하늘에 우정의 길을 연다.

델리를 떠나며
7월 28일

델리를 뒤로하고 물기 하나 없는 몸들로 덜컹덜컹 밤기차로 떠나면
'내일 아침은 내가 가장 먼 도시로 가는 아침'일 수 있을까.
시인 한강의 슬픔에 젖어 이 밤 잘가온으로 간다.

펄펄 내리는 눈의 슬픔에게 반짝이는 숲이 얘기했어요.

내 안의 당신이 흐느낄 때

어떻게 해야 하는지

울부짖는 아이의 얼굴을 들여다보듯

짜디짠 거품 같은 눈물을 향해

괜찮아

왜 그래, 가 아니라

괜찮아

이제 괜찮아

(한강 시집, 서랍에 저녁을 넣어 두었다.)

잘가온

7월 29일

밤새 달려온 기차가 잘가온 역에 들어서자 울분을 토해내듯 비가 퍼붓는다. 펄펄 내리는 눈의 슬픔처럼 비에 젖은 풍경이 흐릿하다. 애타게 비를 기다리던 라지 아줌마가 비를 몰고 온 우릴 격하게 환영하다. 딱딱하고 지루한 어둠에 잠들지 못하고 뒤척이던 여행자들은 행운의 레인 맨이 되어 시바신에게 영광을 돌린다.

넉넉한 몸과 한층 넉넉한 웃음으로 반기는 라지 아줌마는 환하게 핀 목련 같다. 그녀의 남편 평화학 박사 닥터 존의 미소는 온 세상 시름을 품고도 남는다. 그의 눈빛이 평화이고 몸은 평화에 젖어있다. 거짓 평화를 설계하고 조작하고 치장하는데 열중하는 한반도의 영악스러운 지식인들과 기묘한 대조를 이룬다. 먼 길 돌아 평화의 깃발 날리며 찾아온 나는 무엇을 갈망하는가. 간사한 세상은 집요하게 곁에 머물고, 그리운 나라는 너무 멀리 있다.

엘로라 가는 길
7월 30일

다종교 평화의 성지 엘로라 가는 길에 심어진 가로수들은 SF 영화 배경처럼 기묘한 느낌을 준다. 동네 꼬마 녀석 나무 그늘막에서 홀딱 까고 똥 누는 모습 보니 세아(졸업생 부부 딸아이)가 그립다. 온갖 곡식 익어가는 대지는 질펀한데 일하는 사람들이 보이지 않아 비현실적으로 느껴진다. 어른도 아이도 소도 말도 느릿느릿 천천히 흘러가는 천국의 표정을 보면 순호(사진 찍는 둘째 아들)는 눈을 반짝이며 카메라를 들이대겠지.

낡은 달구지를 끄는 두 마리 소는 지친 인디언 가족의 심정을 아는지 모르는지 후끈 달아오른 길에서 딴청을 부린다. 니들이 느린 맛을 알아? 그러거나 말거나 전세 낸 자동차는 폭주 기관차처럼 미친 듯이 내달린다. 자동차 랠리를 하듯이 어설픈 농담과 온갖 간섭을 다 하는 인도 운전수는 거리의 마법사라 해야 마땅하다. 우람했던 오장육부는 꼭꼭 숨어들고 고향땅을 다시 볼 수 있기를 바라는 심정만 간절하다.

세상 모든 종교 싸움은 더럽고 치졸하지만 엘로라에서 마주한 성스러운 싸움은 상식을 조롱한다. 힌두교와 불교와 자이나교 신도들이 수 킬로에 달하는 거대한 바위 덩어리를 사이좋게 공유한다. 자신을 지켜주는 신들을 바위에 새기며 천년의 믿음으로 세운 건축물과 조각들이 믿을 수 없을 정도로 정교하고 눈부시다. 지구 역사 어느 기록에도 없던 세기의 평화 싸움이 걸작품으로 남았으니, 종교를 내세워 마음과 혼을 어지럽히는 한반도 잡놈들이 초라하고 부끄러워라. 심장을 울리는 생생한 평화연습 구경 제대로 하고 갑니다요.

농촌 초등학교 Zilla Parishad Primary school 문화봉사활동
7월 31일

사람들은 표정을 잃고 삶은 메말라 보이는데 아이들 눈망울은 맑게 빛난다. 생기를 저버리고 마른 장식 꽃들이 되어가는 풍요로운 내 나라 아이들을 떠올리니 혼란스럽다. 고단한 인도의 부모는 미쳐 아이를 돌보지 못하지만 아이들은 별 불만 없이 스스로를 돌보며 명랑하게 자란다. 대가를 기대할 수 없는 일상의 자율성 때문에 종속적이고 자본적인 삶에서 자유로운 것일까.

풍선 하나로 온 세상 기쁨을 맛보고 소박한 율동으로도 흥에 넘치는 이 아이들을 대체 어쩌란 말인가.

잘가온 넷째 날, Gandhi Research Foundation
8월 1일

이른 아침 간디센터 정원을 걷는다. 어제의 화가 누그러지고 솟구쳤던 미움이 저만치서 뻘쭘하게 서성댄다. 명상에 잠긴 간디를 보며 여행의 시름을 잠시 내려놓는다. '왜 그래? 가 아니라, 그래 괜찮아.' 간디가 품고 있는 여자아이와 남자아이는 인도의 꿈이자 미래다. 큰 파도처럼 들이치는 세상의 이기와 탐욕 때문에 어쩔 줄 몰라하는 아이들의 미래와 꿈을 누군가는 지켜줘야 한다. 가난한 사랑과 우정으로 함께해야 할 셋넷 아이들이 떠올랐다.

닥터 존이 일정에 없던 공연을 요청했다. 심심해하던 셋넷 참가자들은 반가워했지만 숙소에서 와이파이를 쓰다듬던 원정대 한국 대학생들은 떨떠름한 표정으로 따지듯 물었다. "원래 예정에 없었잖아요." 치밀어 오르는 화를 누르며 달래고 설득했다.

갑자기 만난 아이들은 어제 만난 아이들과 딴판이었다. 부와 신분이라는 최고의 영양분으로 잘 자라고 있는 인도 8학군 청소년들은 아름다운 학교 캠퍼스에서 저마다의 꿈과 소질을 키우고 있었다. 해 질 무렵 펼친 공연은, 우당탕 준비와 조악한 조명으로 허전한 무대였지만 반응은 뜨거웠다.

잘가온 마지막 날,
Anubhuti International School 공연을 마친 뒤
8월 2일

미음이 이쁘면 예쁜 꿈 꾸고 이쁜 꿈 꾸면 하늘 높이 날아다닌다고 김창완이 노래했다. 어제 Anubhuti 학생들과 교사들은 환호와 열광으로 잘가온 밤을 뜨겁게 채웠다. 우리가 이쁜 꿈을 건넨 건가. 각자의 꿍꿍이로 인도에 온 우리가 착한 꿈이었나. 가성비 착한 여행경비에 홀려 약속했던 국제봉사활동은 대충 뒷전인 채 와이파이 여행에 사로잡힌 우리가 맑고 다정한 꿈들이었을까. 시바신의 도움으로 뜻밖의 공연 결과를 선물로 받았을 뿐 마음은 게으르고 꿈은 얄팍하고 이기적인 여행이었다.

그건 결코 괜찮다고 두리뭉실 지나칠 너그러운 풍경이 아니다. 평화연습 한답시고 낯선 나라에 와서 어설프게 사기 치지는 말아야 하지 않을까.

판짐
8월 5일

골목골목 녹슨 포르투갈 흔적들은 여행자의 호기심 가득 찬 엽서에 차곡차곡 쌓이는데, 이방인을 바라보는 포르디언(포르투갈 인디언)들은 무뚝뚝하다 못해 적대적인 눈빛이다. '완벽한 회복이 불가능한 인생.. 남은 옵션 없이 오직 그 이후를 견디는 일만이 가능'(김영하)한 골목에 갇혀서 안식을 되찾을 항구를 잃어버린 저들의 슬픈 운명은 신의 실수인가 신의 장난인가.

남인도 올드 고아

8월 6일

포르투갈 우상들로 가득 찬 식민시대 낡은 교회에서 공손히 무릎 꿇는 인디언들을 씁쓸하게 바라본다. 도시 곳곳에 세워진 늠름한 우상들은 남인도인들이 품고 있던 원주민의 문화와 정신을 기억에서 지워버린 것일까. 적도의 태양과 바다가 빚어낸 올드한 삶들은 고아가 되어 식민 도시 고아를 떠돈다. 상처 가득한 영혼으로 제국주의 우상을 숭배하는 저들의 애처로운 모습은 신의 실수인가 신의 장난인가.

포트 코친

8월 7일

운 좋게 남인도 캐랄라 공연을 본다. 구운 물고기 한 마리 값도 받지 못하는 남인도 전통공연의 처지가 애처롭기만 하다. 심란한 내 마음을 위로하려는 듯 보잘것없는 무대에서 뿜어내는 시바신에 대한 사랑은 치열하다. 유머 가득한 신들과 대책 없이 진지하고 오만한 인간들이 빚어내는 가면과 몸짓의 향연에 정치 없이 빠져든다. 이유도 모른 채 낯선 나라 싸움터에 끌려온 병사의 달콤한 휴식처럼 식민시대 낡은 풍경 가득한 항구의 밤이 깊어간다.

마두라이 가는 밤기차

8월 8일

인도에 도착한 이후 숙소를 정하거나, 일정을 의논할 때면 선택의 중심에는 늘 와이파이 신이 강림했다. 신들린 모세에게 홀려 약속의 땅으로 향하듯 와이파이가 되는 곳으로 속절없이 끌려다녔다. 몇 달간 준비한 공연과 함께 떠난 여행의 원칙과 기준이 와이파이라는 것이 억울했다. 여행의 시작과 끝이 와이파이고 여행의 목적과 과정이 와이파이로 귀결되는 진풍경 앞에서 여행 내내 외로웠다. 저들과 나 사이 건널 수 없는 소통의 심연을 인정하련다. 와이파이가 열어준 길은 실존적 체험을 외면하게 한다. 와이파이가 인도하는 길에서 도타운 사랑은 추방당한다. 온기를 빼앗긴 우정은 길을 잃고 헤맨다.

반짝이는 눈망울을 마주하며 설레는 만남이 좋다. 오해와 고집으로 관계가 엉망이 될지언정 용서와 화해의 시간을 기다리는 삶의 불편함이 좋다. 상처받고 또 받으면서도 인간에 대한 그리움을 놓지 않는 피곤한 일상에 취하고 싶다. 정보화시대 원시인이 낯선 나라 밤기차에서 넋두리를 늘어놓는다. '난 참 바보처럼 살았군요. 난 참…' 불확실하고 불투명한 미래 앞에서 청춘을 거세당한 이 시대 젊은이들의 삶은 우울하다. 자기 앞에 던져진 삶들이 대책 없이 빡세다고 주문을 걸면서도 자기 생을 설레게 하는 소박한 설계조차 미룬 채 가상의 즐거움에 숨어든다. '우리가 헛되이 보낸 오늘은 어제 죽은 이가 그토록 원했던 내일'(신의 장난, 김영하)인데, 나와 당신은 참 바보처럼 사는 건 아닌지.

인도양 바닷가

8월 12일

꼬깃꼬깃 흘러내리는 원색의 천들로 몸을 감싼 사람들 사이로 멧돼지 일가가 주눅 들지 않고 거리를 누빈다. 오토릭샤가 딸딸거리며 쫄랑거리면 흠씬 두들겨 맞은 3류 복서 얼굴처럼 생긴 버스가 사정없이 빵빵대며 으르렁거린다. 심술만 남은 못생긴 버스마저도 팔자 좋은 인도의 소들 앞에선 속수무책이다. 그러거나 말거나 염소인지 양인지 구분이 안 되는 요상한 것들이 이 집 저 집 기웃거리고, 헝클어진 야채들이 가득 실린 손수레가 삐걱내는 거리는 한가롭다. 이곳에 '채소민도 못힌'(영화 아멜리에) 인간은 없다. 아무도 신경 쓰지 않고 거리낌도 없다. 연원을 알 수 없는 실개천들이 만나 사이좋게 흘러가는 동네 빨래터에서 수다를 떨듯 한 줌 긴장도 느낄 수 없다. 애써 공존하려 들지 않는다. 자연스레 놓아두니 자기답게 흐른다. 스스로 편안하니 사람과 동물과 사물의 구별이 희미해져 웃음이 절로 번진다. 유연한 공존이 아닌가. '세상 풍경 중에서 제일 아름다운 풍경 모든 것들이 제자리로 돌아가는 풍경.. 모든 것들이 제자리로 돌아오는 풍경'(풍경, 시인과 촌장)

낯선 길에서 생존을 위한 소통이 필요할 때마다 넘치는 미소를 동반한다. 인도의 원주민들이 무지막지하게 느낄 우람한 내 손에 온기를 담아 저들 어깨에 얹고 허전하고 가난한 영어를 떠듬떠듬 던진다. 저들은 봄바람에 여린 잎 흔들리듯 고개를 좌우로 살랑이며 나를 안심시킨다. 그대여 아무 걱정하지 말아요!

두툼하고 거추장스러운 여행 책을 매번 들추고 밑줄을 긋는다. 현지인들에게 몇 차례 거듭 확인한다. 이 골목 저 골목을 기웃거리다 애타게 찾던 뜻밖의 장소를 선물 받는다. 구글이 하사한 길과 새벽장터처럼 신선한 인터넷 정보는 내 생존법이 구질구질하고 답답하다고 비웃겠지만 나는 길 위에서 비로소 나다워진다. 홀로 낯선 길을 열어가는 내가 좋다. 망채가 인도에서 살아남는 법이다.

―――――

망채 : 셋넷 아이들이 선사한 별명이다. 망둥어의 함경도 사투리라는데, 경상도에서 격의 없는 친구 사이에 오가는 문둥이(문디)의 쓰임새와 비슷한 듯싶다.

퐁티쉐리 가는 길, 인도 마지막 날
8월 14일

지금의 20대들과 오래전 20대였던 내가 꿈결 같던 여름을 인도에서 보냈다. 잠시 감동했지만 한동안 어리둥절했고 많은 시간 불편했다. 누구나 자기 자신이 견뎌온 시절과 버텨온 삶을 타인의 고난보다 힘겨워한다. 내 20대 역시 지금의 예지가 견디고 있을 시절보다 단순했지만 그가 버티고 있는 시절보다 짙은 어둠이었다. 글이가 내뿜는 거침없음과 무례함에 상처받으며 내 20대의 무모함과 몰염치를 떠올렸다. 집요하게 자신에게 몰두하는 보미의 자기 사랑은 상실의 슬픔과 고난의 대가겠지만 내 20대의 이기적인 욕망과 좌절의 이유는 무엇이었던 걸까.

인도를 떠나며

예지는 20대 내 사랑이 빚어놓은 지금의 나를 보며 난해한 표정을 짓는다. 글이는 내 20대의 용기가 채운 지금의 나를 대하며 난감한 몸짓을 드러낸다. 보미는 20대에 꾸었던 내 꿈이 선사한 지금의 나를 난처해한다. 그럼에도 불구하고 나는 나다. 그렇듯 소 닭 대하듯 한 시절을 살아간다. 소와 닭의 무심함과 게으름이 뭐 그리 대수랴. 중요한 건 오랜 세월 한 하늘 아래에서 다듬어온 평화로운 소통과 타자에 대한 정중한 예우가 아닐까. 한 생명이 또 하나의 생명에게 건네는 참된 존중과 따뜻한 농담 말이다.

더 이상 그대를 변화시킬 맹목을 알지 못한다. 타인을 위해 내가 변화되어야 할 명예로운 삶에 기대지 않으리라. 세상은 어제보다 더욱 단단해지고 우리가 갈망하는 자유는 낡아지는 깃발일 뿐이다. 욕심과 억지를 내려놓고 바람의 뜻을 기다려야 하나. 우리에게 눈물겨운 우정이 필요한 까닭이고 날마다 떠나야 하는 이유이리라. 소설가 김영하가 자신에게 독백하듯 '깊은 상실감 속에서도 애써 밝은 표정으로 살아가고 있는 이들이 세상에 많을 것이다. 팩트 따윈 모르겠다. 그냥 그들을 느낀다. 그들이 내 안에 있고, 나도 그들 안에 있다.'

I don't ever rememeber feeling this awake. Everything loosks different now. "지금처럼 깨어있는 기분을 느껴본 기억이 없어. 모든 것이 달라진 느낌이야." (영화 델마와 루이스)

2012
통일시대 청년리더쉽 국제활동 (일본 후쿠오카 나가사키)

한반도 평화원정대 셋넷예술단

셋넷학교는 분단으로 병든 사람과 일상의 치유를 위한 평화 훈련을 국내외에서 지속적으로 시도했다. 한반도 평화가 이웃한 나라들의 평화와 긴밀하게 연결되어 있다는 현실 인식을 기반으로 동아시아 국제청년들과 문화를 매개로 소통하는 국가 간 네트워크 활동을 펼쳤다. 일본(2012), 필리핀(2013), 독일(2015), 베트남(2016), 인도(2017), 캄보디아(2018), 미얀마(2019), 태국·라오스(2020)를 방문하여 현지 대학생들과 국제교류 문화행사를 함께 기획하고 봉사활동을 통해 '함께 나눌 평화'를 연습하고 체험했다.

2018 베트남 캄보디아

호치민 전쟁 박물관

아버지는 베트남에서 공식적으로 한 번 전사했고 두 번 행방불명되었다. 베트남 전쟁이 광기에 빠져들던 1965년 1년 6개월 동안 남의 나라 전장에서 벌어졌던 생의 비극이었다. 호치민 전쟁박물관 어디에도 웅장한 자유와 우아한 평화는 찾을 수 없었다. 박물관 흑백 사진들이 기억하는 전쟁의 참담함이 세 식솔을 감당해야 했던 내 아비의 생존을 위한 몸부림이었을까. 이유도 모른 채 남의 나라를 피와 공포로 물들였던 낯선 자들의 아들인 나는 한없이 부끄러웠다.

붕따우 해변

일방적인 자유를 심겠다는 강대국의 변명과 제국주의 탐욕으로 평화롭던 나라가 전쟁에 휩싸였다. 저들의 납득 못할 평화가 가족을 지키려던 베트남 아버지들의 공정한 정의를 짓밟고 자식들의 행복을 유린했다. 평범하고 소박한 가족의 꿈들을 산산조각 낸 세상의 모든 폭력을 기억한다. 아픔과 상처를 기억하고 살아가는 베트남의 아들과 딸들에게 인간의 얼굴로 용서를 빈다.

봉사활동

시각장애 아동들의 자립과 자활을 돕는 시설을 방문했다. 어색하고 도무지 소통의 길을 알지 못해 어찌할 바를 몰랐지만 아이들은 거침없이 밝고 당당했다. 단지 조금 불편할 뿐 저들만의 언어와 표현과 소통으로 삶의 시간들을 명랑하게 엮어가고 있었다. 평화의 길을 열기 위해서는 평화의 언어가 필요하다. 평화의 언어란 내게 익숙한 언어와 네가 품고 있는 소통방식을 넘어서서 제3의 언어를 찾아 길을 열어가는 것이리라.

천광사 템플스테이

함께 먹고, 함께 경 읽고, 함께 절하고, 함께 기도하고, 함께 자고, 함께 느끼고, 함께 땀 흘린다. 이 모든 '함께'를 자발성과 간절함으로 한다면 그곳이 낙원이요 그들이 바로 천국의 사제들이 아닌가.

캄보디아 프놈펜 보안 감옥 S-21

탐욕 때문에 들통난 거창한 세계 평화가 한 줌의 반성도 없이 사람들의 소박한 평화를 무력화시킨다. '어디에나 있고 어디에도 없다는 악의 평범성'(한나 아렌트)과 어찌 맞서야 할까. 증오의 역사, 피의 기억, 고문의 흔적들로 점철된 뚜엥슬랭 박물관의 낡은 침묵이 깊은 슬픔과 땅의 원한을 치유할 수 있을까. 개인의 삶을 식민화시키는 거짓 위로와 시대의 무능함을 참을 수 없다. 어디에나 있는 잘못들을 내 안의 용서로 거둘 수 있어야 한다. 어디에도 없는 참회와 고백을 일상에서 견딜 수 있어야 하기에 초라해진 지상의 평화 연습은 계속되어야 한다.

앙코르 왓트

셋넷 여행 살림을 도맡았던 미숙 샘이 일정 마지막 날 저녁 식사에 나오지 못했다. 10년 넘게 매년 이어온 셋넷 여행 중 처음 있는 일이다. 연로하신 엄마가 응급실에 입원했다는 다급한 메시지 때문이었을 것이다. 평화를 연습하러 먼 곳으로 여행 온 원정대 젊은이들은 미숙 샘의 부재를 알지 못했고 기억하지 않았다. 평범한 하루처럼 시끄럽게 밥을 먹고 실없는 소리들을 주고받았을 뿐이다. 먼 나라의 숨은 슬픔에 공감하고 비극에 심각해하는 저들이건만, 함께 여행하는 가까운 이의 구체적인 아픔과 짙은 외로움은 살피지 못한다. 평화 감수성의 이중성을 어찌해야 하나.

방콕, 누군가를 뜨겁게 미워해야 하는 곳으로의 귀환길

원정대 대학생들과 여행하며 매번 긴장하고 조심스러웠다. 칭찬과 자기주장에 익숙한 저들에게 평화 공연과 봉사활동을 위한 논쟁이 비난과 꼰대질로 왜곡되곤 해서 난감했다. 평화를 연습하는 과정에서 생기는 사소한 불편과 하찮은 양보조차 견디기 힘들어했다. '애정을 베푸는 일 못지않게 거절과 상실의 경험을 주는 것도 중요한 의무'라면서, '아이들이 맞이할 냉혹한 이 세상이, 그 차가움을 견디려고 누군가를 뜨겁게 미워하는 방식을 택하게 되는 곳'이 될 것임을 김애란(소설 가리는 손)은 알고 있었다. 불편하고 불안한 소통을 감추기 위해 매번 애매한 감정들로 정직한 관계를 외면해야만 할까. 평화로 가는 길은 멀고 험하다.

'나는 자꾸 조갈이 난다. 오늘은 또 누구와 술을 먹고 누구에게 설을 풀 것인가. 그 누구는 점점 줄어들고 나는 점점 초조해

진다. 그래도 나란 인간은 결코 이 판에서 먼저 일어나자는 말을 할 수가 없다.'(소설가 권여선)

2020 태국 라오스

매사이

한낮 열기도 지쳤는지 태국 라오스 국경마을 매사이의 해질 무렵은 제법 선선하다. 메콩강가 바람처럼 일정도 순조롭다. 셋 넷 졸업생 보미의 탈출 루트를 거슬러 오르며 아픈 기억을 소환한다. 라오스 국경에서 메콩강을 건너면 태국 첫 도시가 매사이다. 방콕에서 출발하여 매사이를 향해 처음 사랑을 기억하는 연어의 심정으로 거슬러 오른다. 보미는 어제 치앙마이 숙소에서 폭력으로 얼룩졌던 오래 전 가정사를 담담하게 들려줬다. 어릴 적 슬픈 기억과 상처는 선택할 수 없었고 지워지지 않는다. 누구도 대신할 수 없는 아픔은 집요하다. 스스로 떠난 여행길에서 자신을 위로하며 괜찮다고 다정하게 안아주면 좋겠다.

메콩강가

나를 사랑해야 내가 존재한다. 내가 나를 미워하고 창피하게 여긴다면 누가 나를 존중할까. 틱낫한 스님은 호흡의 사이에서 존재를 보았지만 셋넷은 소통의 방식으로 존재의 숨결을 느낀다. 소통하지 못하면 존재가 아니다. 그림자처럼 허깨비로 사는 거다. 내를 건너 숲으로 가듯 소통은 내 안에 있는 수많은 나를 만나고 알아차리는 생명의 징검다리다. 부끄럽고 자랑스러운 나를 만나고, 연약하고 이기적인 나를 보며 비로소 자신을 사랑하게 된다. 내 안의 나와 용기 있게 소통할 때 지난날들의 미련과 회환에서 자유롭다. 남과 비교하지 않고 세상 눈치 보지 않는 내가 참된 나다. 나는 나다.

치앙라이 소수민족 lisu족 마을

녹슨 철망과 함께 자란 분단 반도 19세들의 소망은 무엇이었을까. 강원도에서 나고 자란 문막 소녀는 교복을 이쁘게 입고 서울 지하철에서 우아하게 책을 읽고 싶어 했다. 서울 아이는 가슴으로 뿜어낸 랩으로 빛나는 무대에 서고 싶었다고 회상한다.

철망 너머 열아홉 소녀는 편하게 자고 싶었단다. 어둠 저편에서 희미한 차 소리라도 들리면 온몸을 조여야 했고 도망칠 궁리를 해야 했단다. 오늘 밤 하루만이라도 공포 없이 잠들기를 소망했다는 기억으로 오두막은 숙연해진다.

동시대 같은 하늘 아래에서 살아가는 한반도 젊은이들의 꿈과 사랑은 어색하게 만나는 듯싶지만 가까이하기엔 너무 먼 당신들이다. 누군가의 간절한 하룻밤이 문막과 서울에서는 지루하고 갑갑한 잠자리로 반복된다. 이들이 소망하는 마음의 평화는 8월의 크리스마스처럼 위태롭고 희미하다. 이제 막 피어나는 고라니들이 살얼음으로 경계 희미해진 봄날 강가에 무사히 다다를 수 있을까. 이국의 땅에서 훈훈한 여행자들로 공감의 모닥불을 지피는 오늘 밤 저들처럼.

2022 길 위의 노래

늑대와 함께 춤을

윤회.. 은희경

'사람의 여섯 가지 감각이 여섯 가지 번뇌를 일으킨다. 과거와 현재와 미래가 있어 그것들을 곱해서 나오게 된 숫자가 백팔번뇌의 108이라 한다. 여섯 가지 번뇌는 좋음, 나쁨, 즐거움, 괴로움, 좋지도 나쁘지도 않음, 즐겁지도 괴롭지도 않음이다. 나와 당신의 삶이 온전하지 못하고 방황하는 이유를 알 듯싶다.'(소설가 은희경) 생물체가 인간으로 환생하려면 8천4백만 번의 윤회를 거듭해야 하고, 인간이 해탈에 이르려면 다시 8천4백만 번의 윤회를 거쳐야 한다는데. 어휴 그냥 사는 것도 나쁘지 않겠다.

자유.. 아도르노

'해방된 사회는 인간의 여러 가능성을 실현한다든가 하는 풍요로운 인생에 있지 않다. 해방된 사회는 무엇인가 하지 않고는 견딜 수 없는 열병에 집단적으로 사로잡혀 있는 무서운 상태에서 해방되는 것'이라고 아도르노가 비수를 던진다. 어쩌면 더 이상 ~으로부터 라든가, ~을 향한 따위 등등은 우리들 삶을 온전하게 지탱해주지 못할 거다. 내면 깊숙이 은밀하게 흐르는 존재의 지하수는 그냥 흐른다. 그냥 흐르게 내버려 둬야 해. 해방된 사회는 해방된 인간에서 비롯되고, 해방된 인간은 해방된 몸을 통해 비로소 자유로울 수 있을테니.

언어.. 김승희

'어디에서 포효할 것인가? 어느 장소, 어느 공간, 어느 야성의 등성이에서? 우리에게는 대부분 표준말을 써야 할 장소밖에 허락된 곳이 없지 않은가?'(김승희. 호랑이 젖꼭지) 강요된 표준말은 주변과 지역에서 살아가는 영혼들을 초라하게 한다. 표준은 중심을 앞세우고 획일화로 통제한다. 내 삶과 하등 상관 없는 중심에 갇힌 소리는 고인 물처럼 생명력을 잃고 만다. 내가 포효하는 방언이 내가 살아가는 일상의 표준말이다. 허락된 곳이 없다고 주눅 들지 말자. 포효라는 단어에 짓눌릴 필요 없다. 표준말에는 백두산 호랑이가 우뚝 선 존재로 지배하겠지만 내가 포효하는 방언에는 고양이, 개, 원숭이, 금붕어, 소라, 골뱅이, 닭똥집, 곰장어들이 내 삶을 풍요롭게 한다. 살맛 나지 않는가.

전설.. 정현종

'누구의 어린 시절이든 어린 시절은 전설이며 우리에게 각자의 어린 시절이 있다는 점에서 우린 모두 전설적인 존재들'이라고 사막 같은 세상에서 여우처럼 정현종 시인이 전한다. 바람결에 메시지가 실려 온다. '당신과 나는 전설적인 신비와 깊은 우물을 품고 있는 존재들이야.' 그러니 쫄지 말고 오늘 하루 꼴리는 대로 신명 나게 살아보자. 전설이 살아가는 일상의 풍경이란 그런 것이 아닐까.

용서.. 류시화

하늘 호수로 여행 떠난 류시화가 인도에서 썰을 푼다. '노 프라블럼, 외부에서 일어나는 일로 자신을 괴롭히지 마시게.' 스스로 불안한 생각을 만들어 자신을 하찮게 여기지 마라. 까이꺼 인생 뭐 별거 있나. 호흡 다듬고 나지막이 속삭인다, 노 프라블럼!

내 가슴을 뛰쳐나온 소리는 연기처럼 맥없이 흩어진다. 프라블럼들로 어지러운 상처투성이 자신조차 용서하지 못하고 어슬

렁 바람결에도 휘어버리는 풀잎처럼 스러진다. 술로도 소독이 되질 않으니 어쩌면 좋지.

노마드, 유연하게

여행의 길들은 고단하다. 열악한 차량과 험악한 도로에 지칠 무렵 낯선 곳이 불쑥 이방인을 마중한다. 길 위에서 잠들지 말아야 한다. 낯섦은 한 밤중 손님처럼 느닷없이 찾아든다. 길 위의 풍경들이란 사람과 기억을 감싸는 두툼한 옷이다. 오래된 풍경에 스며든 사람들의 노고와 삶의 애환을 정중하게 살피고 느끼면서 여행은 공감과 감동으로 빠져든다.

여행을 준비하는 책은 친절과 우정으로 족하다. 책이 이끄는 여행길에는 나와 당신이 보이지 않는다. 자신이 함께 떠나지 않는 여행을 여행이라 할 수 있을까. 여행사 가이드의 상투적인 깃발에 안도하고 여행 책의 충실한 수제자가 되어 흐뭇해하는 여행이란, 항구에 묶인 배가 바람과 파도에 찰랑거리며 멀미를 앓는 것과 같다. 책과 확인된 정보들을 넘어서려는 용기와 호기심으로 거침없이 걷자.

낯선 곳은 중심과 표준의 시선으로 길들여진 안전한 길 밖에 있다. 열린 길은 분리와 차별로 상처받는 영혼들을 위로한다. 거만한 문화권력에 짓눌렸던 초라한 자신을 돌아보게 한다. 타인의 인정을 받기 위해 비루해진 몸의 감각들이 낯선 길에서 생기를 되찾는다. 생존에 쫓기던 지친 몸들이 마침내 요동친다. 우린 어디론가 떠나기 위해 잠시 머물고 있다.

여행과 일상은 들숨 날숨처럼 호흡한다. 줄기의 기도와 잎들의 바람과 열매의 간절함이 순간의 꽃을 피우듯 일상과 여행은 분리되지 않는다. 여행의 기쁨은 생존과 성공이라는 삶의 이중성으로 멍들지 않아야 한다. 한 사람의 행복은 얄팍한 생계 수단으로 변질되지 않고 신기루 대박 성공으로 타락하지 않는다. 경쟁과 열등감에서 벗어난 일상의 시간과, 후회와 낙담을 잊은 여행의 공간이 행복의 나라로 향하는 날갯짓이 되리라.

그대는 여행을 속히 마치지 마시오 / 여행은 오래 지속될수록 좋고 / 그대는 늙은 뒤에 / 비로소 그대의 섬에 도착하는 것이 낫소 / 길 위에서 그대는 이미 풍요로워졌으니.. 콘스탄틴 카바피의 시 '이타카'

괜찮아

이타카로 가는 셋넷 열차

함지훈(셋넷 수호천사, 평론가)

여행은 오래 지속될수록 좋다

해외여행을 가보거나 혹은 국내로 여행을 오는 젊은이들을 보면 흑인이 드물다. 기억을 떠올려보면 그렇다. 왜 그럴까? 두려움 때문에 그렇다고 진단하는 연구자들이 있다. 군인으로서 혹은 출장으로 낯선 곳에 갈 수는 있지만, 나 스스로의 선택에 의해서 자유롭게 낯선 땅으로 가는 것은 같은 문제가 아니다. 배낭 하나 짊어지고 낯선 곳으로 찾아온 백인 젊은이들을 보면서 부럽다고 말했다면 무엇이 부러웠다는 말이었을까? 젊음이 부러울 수도 있겠지만, 모든 젊음이 낯선 곳으로의 모험과 탐험에 나서는 것은 아니다. 그것은 아마도 두려움이 없는 자신감이거나 혹은 두려움을 이겨낸 마음이거나.

떠나는 모든 것이 여행은 아니다. 하지만 내몰린 행군에서조차 그 길 위에 끝까지 남아 어떤 의미를 발견할 수 있다면, 길의 끝에서 그 노정은 여행과 같은 모습을 띤다. 여기 먼 노정 끝에 목적지에 도착한 젊은이들이 있다. 책에서 소개된 셋넷들이다. 필자는 개인적으로 셋넷들을 북에서 온 이주 젊은이들이라 부르고 싶다.

이 책은 이 이주 젊은이들의 여행기다. 하지만 그들만의 여행은 아니다. '길잡이 늑대'가 함께 한 여행이다. 인디언들은 누구나 자신들 일생을 인도하는 '길잡이 늑대'가 있다고 한다. (책의 저자가 영화 편에서 소개하고 있다) 그 길잡이 늑대들이, 이 젊은이들이 남한 사회에서 선택한 셋넷학교라는 곳의 선생들이고 저자가 그 학교의 방향을 이끈 대표 길잡이 늑대다.

거의 대부분의 탈북학교는 교회를 배경으로 특히 개신교를 배경으로 출발했다. 공산주의를 부정하는 교회는 북에서 온 이주 젊은이들을 품기에는 안성맞춤인 곳이다. 그들은 두 가지 점에서 불온했다. 북에서 왔다는 것과 요즘 젊은것들이라는 점.
북에서 온 그들을 위해 이들 탈북학교들은 수령의 기표에 장군님 대신 하느님을 연결시켜 공산주의라는 삿된 이교의 무리들을 주님의 자손으로 업그레이드시켰다. '요즘 것들'에 대해서 학교는 도덕적이고 윤리적인 도야로 대응했다. 머리 숙여 순종하는 양들에게는 몸의 양식과 마음의 양식이 은총으로 내려졌다.

셋넷학교가 그 밖의 탈북학교와 달랐던 점은 그 스스로가 교회에서 쫓겨난 자라는 것이다. 오직 영성만이 있고 집도 절도 없었던 저자도 교회의 사랑에 손을 내밀었다. 하지만 아이들을 신자가 아닌 학생으로만 보려 했던 저자는 교회서 쫓겨난다. 스피노자가 유대 공동체에서 쫓겨난 것과 유사한 사건이다. 셋넷은 불온한 학교였다.

셋넷학교는 추방된 학교였다. 공동체로부터 쫓겨나 밖으로 내몰린, 북한으로부터 또 교회로부터 길 위로 내몰린. 길 위에서 상처받은 자 길 위에서 나으리라. 셋넷은 길을 교과서로 삼았다. 셋넷학교의 꽃은 여행이다. 사실 여행은 그 자체로 학교다. 길잡이 늑대는 여행을 봉사활동과 묶었다. 다른 탈북학교였으면 봉사를 받기만 할 아이들이 '감히' 봉사를 해야 하는 버거운 짐을 지고 여행을 떠났다. 학교를 세상과 다른 수도원으로 만드는 대신에 세상과 닮은 시장으로 만들기 위하여 남한 청년들과 함께 여행을 떠났다.

이 책은 편파적 '늑대'의 시선으로 여행을 바라본다. 동시에 그 자신을 바라본다. 이 늑대는 여행을 통해 경건해진다. 자기가 버린 사람들, 자기가 충분히 사랑하지 못한 사람들에게 고백한다. (아빠가 미안하구나. 니들에게 잘못한 게 너무 많다. 용서를 빈다. 제 욕심에 갇혀 몸부림치던 한 남자와 여자를 불쌍히 여겨 용서해주길 바란다.) TV 카메라 앞이 아니라면 고백하는 자들은 경건하다. 하지만 늑대가 경건해졌다고 개가 되는 것은 아니다. 개의 고백이 주인의 집으로 돌아가고자 하는 전략이라면 늑대는, 고백은 하지만 집으로 돌아가려 하지는 않는다.

잘 알겠지만 늑대의 길은 험난하다. 이 여행은 스스로 내세운 목표에 도달하지 못하거나 그 교육적 의미를 오히려 상실한다. 저자는 먼 이국땅에서 만나야 할 셋넷의 졸업생들을 끝내 만나지 못한다. (미신이와 경민이를 만나지 못한 꼰대 나그네는 아쉬움으로 자꾸만 뒤돌아보는데, 오슬로역을 떠나는 기차는 망설임이 없다.) 남북의 젊은이들이 하나가 되어야 한다는 목표는 '하나투어' 같은 패키지여행의 회사명일 뿐이다. 남북의 차이와 다름으로 결국 여행은 둘로 쪼개지고 만다. (우린 하나로 떠났지만 집으로 돌아가는 길은 각자였다. 손말라 마을 봉사활동 작업에서 생긴 충돌과 상처들로 뿔뿔이 흩어진 채 남인도를 떠다녔다.)

여행의 길 위에서 남북의 젊은이들이 하나가 되었다면, 장군님 영도의 덕분이거나, 아니면 주님의 은총이었으리라. 그랬다면 그것은 이데올로기적 멜로드라마 거나 종교적 멜로다. 셋넷의 여행은 좌절과 패배의 계기들을 잔뜩 품고 나선 행군이다. 이 여행은 주인 품에 안겨 세상을 구경하는 패키지여행이 아니고 스스로 먹이를 구하러 다녀야 하는 늑대의 길이다. 길잡이만 늑대가 아니다. 아버지(상징적인 의미)의 집에서 도망친 셋넷들은 이미 늑대다. 셋넷들 모두 늑대다.

셋넷은 아이들을 '훌륭하고'(개는 훌륭하다) '달라진' (우리 개가 달라졌어요) 개로 키우고자 하지 않았다. 저들을 여전히 늑대로 남기고 싶어 했다. 장군님이라는 큰 기표에서 도망친 아이들을 주님이라는 또 다른 큰 기표로 밀어 넣지 않고, 스스로 길을 찾도록 아이들을 길로 내몰았다. 길을 찾는 모든 행위는 구도의 길이다. 교회로부터 내쳐진 그(저자)가 구도의 길을 포기하지 않고 믿음을 놓지 않는다. 신에 대한 믿음은 필요 없다. 피조물에 대한 믿음만으로 충분하다.

그 믿음 속에서 그(저자)는 때로 좌절하지만 주저앉지 않는다. 그는 이렇게 말한다. '그럼에도 카뮈의 '끝없는 패배'로 기뻐한다. 삶은 이기는 게 아니라 패배다. 끝없는 패배다.' 그는 와이파이 신에게 사로잡힌 남한 대학생들로부터 도망치려 하고, '3주 동안 핸드폰을 쓰지 않고',(기특해라), '아픔과 상처를 기억하고 살아가는 베트남의 아들과 딸들에게 인간의 얼굴로 참회한다'.

이 여행의 목적지는 어딜까? 일본의 유명한 시인 바쇼가 최소한의 물건을 지닌 채 방랑을 통해 시를 쓰고 깨달음을 얻은 것처럼, 그도 같은 결론에 도달한다. 여정이 최종 목적지보다 더 중요하다는 것. 여행을 미치는 책의 끝부분에는 카바피의 시 '이타카'가 이런 말을 들려준다. 여행은 오래 지속될수록 좋다고, 길 위에서 그대는 이미 풍요로워졌다고.

책에서 미처 소개되지 못한 카바피의 시는 이렇게 끝을 맺는다. '이제 이타카는 너에게 줄 것이 하나도 없구나. / 설령 그 땅이 불모지라 해도 이타카는 / 너를 속인 적이 없고, 길 위에서 너는 현자가 되었으니 / 마침내 이타카의 가르침을 이해하리라.' '이타카'는 그리스 신화의 영웅 오디세우스의 고향이다. 모든 돌아가고 싶어 하는 자의 목적지다. 모든 여행의 목적지와 같은 의미다. 한국이 셋넷들의 이타카였다. 하지만 한국이 셋넷들에게 줄 것이 있었을까?

책의 앞부분에는 저자가 탈남(탈북이 아니라)한 셋넷학교 학생들을 찾아가는 이야기가 나온다. 북을 떠난 탈북이 북한 체제에 대한 비판이었다면, 탈남은 남한 사회에 대한 문제 제기다. 오슬로에서 끝내 모습을 드러내지 않은 그들이 탈남 학생들이다. 그들은 그들의 이타카였던 서울이 자신들에게 줄 것이 하나도 없다는 사실을 깨달았을 때 또다시 두려움을 떨치고 길로 나섰다. 그것은 셋넷학교가 서울을 버리고 다시 원주로 간 이주의 역사와 같은 성격의 사건이다. 셋넷과 탈남은 다르지 않다.

그렇다. 떠난 자들이 나의 얼굴을 하고 있다. 여행은 어떤 의

미에서 나의 얼굴을 찾는 일이다. 나의 얼굴을 어떻게 찾을까? 저자는 쉬운 말로 답을 준다. '남과 비교하지 않고 세상 눈치 보지 않는 내가 참된 나다. 나는 나다.' 세상 눈치를 보면 큰 기표가 나를 대신하여 삶이라는 큰 구멍을 채운다. 큰 기표란 장군님이거나 주님이다. 혹은 서울의 다른 이름인 '돈'이다. 또는 '와이파이'다. 게다가 큰 기표조차 지속 가능한 것은 아니다. 평양이라는 기표는 한때는 동방의 예루살렘이었다가, 곧 동방의 모스크바로 바뀌었다.

하지만 나의 얼굴을 찾으려면 떠나야 한다. 도망쳐야 한다. 이 책은 두려움을 떨치고 다시 길로 나선 여행 공동체에 바친 경건한 기억이다.

평화를 연습하고 감수성을 훈련하는 셋넷학교

알면 사랑하게 된다. 우린 모두 연결되어 있기 때문이다.
- 편견의 바다에 띄운 평화의 배 한 척, 셋넷 -

셋넷의 배움은 '나'를 돌아보고 새롭게 살핀다. '나'를 사랑하는 개인, 내 안에 깃든 신비를 들여다보는 개인, 자신이 삶의 중심이 되어 '나'의 미래와 문제를 푸는 실마리를 찾아본다. 자기다움을 찾아가는 과정은 매일매일 자신이 행복해지는 일이다. 남들보다 더 많이 가져야만 행복해지는 것이 아니다. 배움은 성공을 욕망하는 자본주의 전투요원을 양성하는 기술이 아니다. 내 삶의 현장들을 꼼꼼히 들여다보며 작고 구체적으로 이야기하는 방식을 새롭게 배운다. 부모와 교사들의 눈치 보지 않고 자신의 꿈과 의지를 스스로 찾고 키운다.

셋넷이 꿈꾸는 '자유'는 자신과 타인에게 무책임하지 않다. 공동체에 무례한 자유가 아니다. 셋넷의 '자유'는 관용寬容의 관계 방식이다. 관용은 '타인도 나와 똑같은 정도의 진실을 지니고, 지켜가고 있다는 사실을 인정(기 소르망)'하는 적극적인 이해와 수용의 태도다. 일상에서의 관용은 법정스님 말씀처럼 불필요한 것으로부터 자유로워져야 비로소 가능하다. 나와 적이라는 욕망의 이분법을 넘어서야 한다. 행복한 일상을 살아가기 위해 자본시장 너머 비非 적응이 필요하다. 부단한 체험과 훈련으로 삶의 방식을 바꾸려는 구체적인 자유의 몸짓이 관용의 실체다.

셋넷이 품는 또 하나의 꿈은 '소통'이다. 자기다움으로 채워가는 자유는 타인의 권위나 강요에 의해 만들어지지 않는다. 나를 돌보는 자치自治는 내 몸에서부터 시작된다. 다름과 차이들이 구체적으로 느껴지고 드러나는 곳이 몸이다. 몸 안팎에서 수많은 갈등과 조정과 타협이 이루어진다. 타자와의 관계를 건강하게 맺고 풀기 위해 몸이 다름과 차이들을 세심하게 관찰하고 배려하는 유연성을 지녀야 한다. 낯섦을 적대시하고 새로움에 무뎌져 감동을 잃어버린 몸들을 되살려야 한다. 셈하지 않고 경쟁하지 않는 원래의 몸으로 돌아가야 평등하고 따뜻한 소통이 가능하다. 셋넷은 사소하고 하찮은 각자의 몸들에서 시작한다. 분석과 이론에 의지하지 않는다. 내 몸을 살피는 작업에서 다른 것들과 소통하려는 삶이 뿌리를 내릴 수 있다.

따로 또 같이 평등한 관계의 그물망 짜기

셋넷은 '따로'와 '같이'가 관계 맺으며 만들어 간다. 집단과 관습으로부터 자유롭지 못했던 '따로'의 존재를 되찾고, '따로'의 권리를 회복하자는 선언이다. '따로'는 하나밖에 없는 소중한 존재다. '같이'는 평등하고 따뜻하게 소통하는 '따로'들의 그물망이다. 집단을 가치의 중심에 세우면 이념이나 집단 이기심이 개입하고 개인은 분열된다. 개인과 공동체를 대립시키거나 목적과 수단 관계로 설정하는 근대화 논리에서 벗어나야 한다. 건강한 개인들의 연대망이 '같이'의 삶이다. 혼자로 남아도 좋고 모여서 근사한 일들을 벌여도 좋다. 미움과 욕심으로 서로를 다치지 않고 어울려 사는 삶의 방식을 부단히 연습한다.

셋넷은 인간과 세상을 관계의 그물망으로 바라본다. '서로가 서로에게 빚을 지고 있다는 생각은 한 생명이 다른 생명 안에서 다시 태어난다는 생각으로 이어진다.(마이어 아비히)' 관계는 다름과 차이를 품는다. 다름과 차이가 없다면 애초에 관계란 성립되지 않는다. 다양하고 신비한 존재들의 다름과, 상황과 입장에서 비롯된 차이들 때문에 세상의 모든 관계는 살아있다. 다름과 차이는 제한과 조건과 차별이 없을 때 건강하다. 사람과 사물과 국가와의 다름과 차이를 존중하고 존중받을 때 평화롭다.

비언어적 방식으로 세상 읽기

개인의 몸들을 살리려는 셋넷의 문화 작업은 교양교육이라는 틀 안에 머물지 않는다. '문화예술교육'은 각자에게 익숙한 소통을 넘어서서 제3의 소통방식을 찾는다. 다름과 차이들을 이해하려는 구체적이고 적극적인 실천이다. 자신 안에 잠재되어 있는 다양한 재능들을 발견해가면서 멈췄던 꿈 꾸기를 다시 시작하도록 일깨운다. 셋넷 문화예술교육은 강을 건너면 필요하지 않은 뗏목과도 같다. 행복한 삶의 방식들을 되찾게 된다면 스스로 삶의 주인이 되는 일상을 살 수 있다.

일상의 공간이 배움터

직접 체험은 몸이 구체적인 관계를 맺는 것이다. 타인을 이해하고 인정하는 중요한 단서가 된다. 셋넷의 배움들 '여행' '현장체험학습' '커리어스쿨'은 기성세대가 고집하는 소유와 구별의 지식을 전하지 않는다. 서로 다른 사람과 사물과 관계들을 그대로의 모습으로 이해하고 인정하려는 삶의 방식을 배우고 연습한다. 배움은 머리로 외우고 분석하는 것이 아니다. 몸으로 느끼는 것이다. 셋넷은 오래된 교실과 완고한 책을 넘어선다. 생활 현장에서 몸으로 체험하고 내 일상의 언어로 변화시킨다.

뚜벅뚜벅 당당하게! (세상 속으로)
사뿐사뿐 유연하게! (세상 밖으로)

셋넷은 승리를 위한 게임 능력과 1등을 위한 경기 감각을 익히지 않는다. 성공을 향해 비교하고 셈하는 인생이 우리를 행복하게 하지 않는다. 셋넷은 넉넉하고 따뜻한 놀이의 삶을 연습한다. 자족적인 삶의 태도를 훈련한다. 불안해하며 모방에 급급한 삶에서 벗어나기 위해 경계를 게을리하지 않는다. 쉼 없이 나를 삶의 중심에 세운다. 나만의 고유한 표현과 나다운 감정을 드러내는 일상의 소통을 놓지 않는다.

셋넷 국내외 활동 연보

2006   중국, 몽골
         (8월, 심양 연길 백두산 북경 울란바트르 테를지 국립공원)

2007   제주(7월, 자전거 일주)
         네팔(10월, 카트만두 랑탕 코사인쿤드)

2008   영국, 노르웨이
         (6월, 런던 맨체스터 글래스고 오슬로 트론헤임)

2009   인도
         (1월, 델리 낙푸르 손말라 엘로라 함피 첸나이) 제주(8월)

2010   베트남(7월, 호찌민 후에 하노이)
         독일(10월, 베를린 자유대학)
         네팔 (12월, 카트만두 포카라)

2011   울릉도, 독도(8월)

2012   일본(10월, 후쿠오카 나가사키)

2013   필리핀(8월, 마닐라 민도르섬)

2014   네팔(12월, 랑탕)

2015 체코, 독일, 프랑스(11-12월, 프라하 드레스덴 베를린 파리)

2016 독일, 체코, 오스트리아
      (7월, 베를린 자유대학 프라하 잘츠부르크 뮌헨)

2017 베트남(2월, 하노이 타이응엔)
      인도(7월, 델리 잘가온 고아 첸나이)

2018 베트남, 캄보디아(1월, 호찌민 프놈펜 씨엠립)
      영국, 아일랜드(7월, 런던 맨체스터 글래스고 더블린 코크)

2019 미얀마(1월, 양곤 몰라마인)

2020 태국(2월, 방콕 치앙마이 치앙라이 매사이)

2021 군산(3월)
      여수(9월, 금오도)

2022 남원(7월)

셋넷 첫 창작뮤지컬 '나의 길을 보여 다오!'
(2007, 이대)

작가의 말

살아 숨 쉬는 동안 소통한다. 피할 수 없는 소통을 하며 '많은 일들이 나도 모르게 일어난다.'(영화 화양연화) 후회 없이 소통할 수 있을까. 외롭지 않게 소통할 수 있을까. '죽도록 일하다가 죽을 우리가, 스스로를 보호하고 무뎌지는 것과 싸우기 위해'(영화 디테치멘트) 나를 귀하게 여기고 정성으로 돌봐야 한다. 나를 존중自尊하는 감수성이 타인을 존중共感하는 감수성으로 나아간다. 내가 맞이하는 꿈과 좌절, 당신이 겪는 슬픔과 기쁨은 연결되어 있다.

물질과 정신과 내 생의 전성기를 바쳐 가꿔온 셋넷 사랑은 낡은 이념과 상투적인 동정이 아니다. 셋넷 감수성은 사랑과 예술을 위한 우아한 감수성과 다르다. 셋넷의 열정은 편견과 차별을 넘어서려는 일상의 소통이다.

집단 감수성으로 빚은 공동체의 길이다. 셋넷 감수성은 분단이 만들어내는 미움과 집단 열등감에 맞서는 평화 감수성이라야 마땅하다. 속절없는 세상이지만 행복했다. 나의 감수성을 쉬지 않고 돌보리라. 나를 사랑하는 일을 멈추지 않으리니.

헝클어진 가정이지만 부끄럽지 않은 아빠이고 싶었다. 셋넷 인생영화 한 편으로 부끄럽지 않다. 한 번뿐인 인생 꼴리는 대로 살겠다고 스스로에게 약속했다. 나다움으로 하루하루 설렌다.
믿음 준 셋넷이 고맙다. 셋넷이 선사한 '감수성'으로 열린 시간 낯선 공간을 나답게 걷는다. 뚜벅뚜벅 사뿐사뿐.

심심하다, 같이 걷자.

왜그래,가 아니라 괜찮동아

초 판 1쇄 • 2022년 10월 10일

지은이 • 박상영
펴낸이 • 박상영
편 집 • 안지은
디자인 • (주)코폴커뮤니케이션
펴낸곳 • (주)코폴커뮤니케이션
주 소 • 06160 서울특별시 강남구 테헤란로 63길 12 LG선릉에클라트 B동 545호
전 화 • 02-6081-0703
팩 스 • 02-565-0709
이메일 • kofol@daum.net

ISBN
책값은 뒤표지에 표시되어 있습니다.